LA DIAGNOSIS PASTORAL

LA DIAGNOSIS PASTORAL

Paul W. Pruyser

LIBROS DESAFÍO

Copyright © 2005 por Libros Desafío

La diagnosis pastoral

Título original: *The Minister as Diagnostician*
Autor: Paul W. Pruyser
Copyright © 1976 por The Wesminster Press
Philadelphia, Pennsylvania

Título: *La diagnosis pastoral*
Traductor: Pedro L. Gómez
Diseño de cubierta: Josué Torres

Sin la autorización escrita de los titulares del Copyright, queda totalmente prohibida, bajo las sanciones contempladas por la Ley, la reproducción total o parcial de esta obra por cualquier medio o procedimiento.

Publicado por

LIBROS DESAFÍO
2850 Kalamazoo Ave SE
Grand Rapids, Michigan 49560
EE.UU.
info@librosdesafio.org
www.librosdesafio.org

ISBN 1-55883-414-1

Impreso en los EE.UU.
Printed in the United States of America

Contenido

Prefacio del autor a la edición inglesa 7

1. El conocimiento profesional como perspectiva 11
2. La piedra de toque de la integridad profesional 19
3. Diagnóstico: un nuevo uso para una antigua palabra 27
4. ¿Por qué acuden las personas a los pastores? 39
5. Directrices para el diagnóstico pastoral 53
6. La cooperación en el diagnóstico 73
7. El lenguaje en la relación pastoral 81
8. Razones para remitir al especialista 91
9. La comunidad agápica 99
10. Algunas aplicaciones pastorales 103

Notas 127

Prefacio del autor
a la edición inglesa

Ni siquiera el título de este libro, tan simple a primera vista, consigue ocultar por completo la inesperada tesis que se expone en estas páginas. ¿Dónde se ha oído que los ministros tengan que realizar labores de *diagnosis*? La tarea del pastor consiste en guiar a las ovejas, llevarlas a buenos pastos y cuidarlas con esmero para beneficio de su propietario. Y en nuestros días, cuando un carnero o una oveja se ponen enfermos, el pastor buscará un veterinario para que diagnostique la dolencia y prescriba el tratamiento adecuado.

Teniendo en cuenta que «oveja» y «pastor» son metáforas para describir a personas, el ministro puede hacer que un médico o un psiquiatra diagnostique la dolencia de alguien que está bajo su cuidado, porque se supone que los facultativos saben mucho más que él cuando se trata de valorar problemas de orden físico o mental. El pastor ayudará de buen grado a sus feligreses en sus problemas, y para ello se beneficiará del consejo de los especialistas en diagnosis, pero sin duda él mismo no se considerará un experto en la materia.

Sin embargo, ¿qué sucede si algunas personas desean que sean sus pastores quienes determinen la naturaleza de sus problemas? ¿Y si hay quienes quieren llevar a cabo una honesta autovaloración y dirigirse después a sus pastores para que ellos les ayuden a diagnosticar sus problemas, sus debilidades, la etapa en que se encuentran, o lo problemático, inexplicable o incorregible en sus vidas? ¿Qué si quieren que sean precisamente sus pastores y no algún otro especialista quienes les guíen en su búsqueda de la verdadera naturaleza de sus problemas? ¿Qué ocurre cuando tales personas prefieren situarse en el marco de una perspectiva pastoral y teológica para hacer frente a sus problemas en lugar de hacerlo desde un enfoque médico, psiquiátrico, legal o social? ¿O qué si desean ponerse en manos de profesionales de varias disciplinas al mismo tiempo? Atender estos deseos convertiría al pastor en especialista en diagnosis por derecho propio (y de su feligrés). Y en caso de apoyar la necesidad de autoevaluación que perciben tales feligreses, este apoyo haría del pastor un especialista en diagnosis de una clase muy especial. Sería un especialista que utiliza un sistema conceptual y un marco de referencia práctico sin parangón entre los demás profesionales de la ayuda.

La tesis de este libro es que los pastores, al igual que todos los demás profesionales, poseen un conjunto de conocimientos teóricos y prácticos único y especial que se ha ido desarrollando a lo largo de sus años de práctica (la suya y la de sus predecesores). El hecho de que tengan que pedir prestados distintos conocimientos y técnicas de otras disciplinas como la psicología y la psiquiatría, no anula la integridad y la utilidad de sus propias nociones básicas y aplicadas. Añadir algunos conocimientos y competencia clínica a su tarea pastoral no menoscaba la autenticidad —ni debería hacerlo— de su perspectiva y práctica pastoral. Por ello, este libro hace un llamado a los pastores por medio de dicha tesis para que reflexionen respecto a su peculiar herencia, esperando que así puedan sacar el máximo partido de los fundamentos teóricos y las aplicaciones prácticas de este libro. Esta obra se dirige a todos los pastores, cualquiera que sea la etapa de formación y desarrollo en la que se encuentren: desde aquellos que están todavía estudiando en el seminario, pasando por quienes son ya profesionales consumados, hasta sus distintos profesores que, como sucede en la educación clínico-pastoral, llevan a cabo su ministerio docente en hospitales, clínicas, prisiones, etc.

Este libro se ha ido configurando de un modo natural, aunque también lento y acompasado, a partir de anteriores publicaciones de enfoque más limitado, como el caso de los artículos. En su día, las demandas docentes, junto con el trabajo de consulta y el estímulo de algunos colegas y amigos, se confabularon para persuadirme a abandonar los bocetos y comenzar a pintar sobre un lienzo de dimensiones adecuadas. Y ahora ha llegado el momento de colgar el cuadro en la pared para que pueda ser examinado y evaluado críticamente. Solo de este modo podré yo mismo distanciarme de él y observarlo de manera adecuada.

Utilicé algunas partes de este libro en las charlas que fui invitado a pronunciar en las Conferencias Lowell de la Universidad de Boston, durante el invierno de 1975.

Tengo una especial deuda de gratitud para con algunos pastores que estuvieron dispuestos a compartir conmigo algún material acerca de casos reales que abordaron siguiendo las directrices de mi manuscrito. La lectura de mis notas indujo a estos pastores a poner en práctica mis recomendaciones y a redactar algunos informes acerca de los casos que trataron según tales criterios. Cinco de estos informes aparecen en el capítulo diez. Aunque estos pastores merecen una expresión pública de gratitud, todos ellos decidieron permanecer en el anonimato para mantener la confidencialidad de la información que sus feligreses les confiaron.

Como siempre, el Dr. Seward Hiltner del Seminario Teológico de Princeton me ha ofrecido el beneficio de su incisiva crítica. La Sra. Kathleen Brian se hizo cargo con gran competencia del manuscrito a lo largo de sus diferentes etapas: también a ella le doy las gracias. Y estoy igualmente agradecido a los redactores de la Westminster Press por sus recomendaciones y comentarios que han hecho mucho para mejorar la primera versión de esta obra.

En la dedicatoria he querido recordar a alguien que es no solo un hombre, un competente profesional y a un líder del movimiento educativo clínico pastoral, sino también a un amigo a quien muchos de nosotros seguimos echando de menos.

–Paul W. Pruyser

1

El conocimiento profesional como perspectiva

En su novela filosófica *La Náusea*, Sartre[1] introduce un personaje un tanto extraño al que llama «Autodidacta». Este hombre está cada día en la biblioteca metropolitana leyendo sin tregua libro tras libro mientras mordisquea una barrita de chocolate. Si le observáramos de cerca durante algunos días o semanas, le encontraríamos tomando libros de la estantería uno tras otro en orden alfabético. Ahora está llegando al final de la «L» y muy pronto le llegará el turno a la «M». Según parece, se autoinstruye siguiendo un criterio alfabético en la convicción de que el conocimiento es acumulativo y de que para aprender hay que tomar nota de todo de la «A» a la «Z». Según la descripción que Sartre hace de él, la curiosidad intelectual del autodidacta responde en parte a un impulso sexual perverso: mientras lee, busca la ocasión de acariciar sensualmente bajo la mesa de la biblioteca las manos de muchachos jóvenes.

La creencia de que el conocimiento es acumulativo, de que su adquisición depende de nuestra inmersión en todo lo cognoscible, no está limitada a un pequeño grupo de solitarios excéntricos. Lamentablemente, aun las instituciones docentes de mayor reputación albergan estudiantes y hasta quizá algún que otro miembro de la facultad que parecen creer que todos los conocimientos son del mismo orden y que quien conoce cinco cosas es inmensamente superior que quien solo conoce tres. Cuando se cree esto, los planes de estudios están en constante crecimiento. Si es bueno que en los seminarios se enseñe teología, es aun mejor que, además de la teología, se aprenda también sociología, y si a ello le añadimos la enseñanza de la psicología, mucho mejor. Al igual que sucede con el producto nacional bruto, también el conocimiento está sujeto a una voraz e indiscriminada demanda de «más».

Cuando se trata de conocimiento y de planes de estudio, esta adicción a «más» produce una curiosa variante del personaje autodidacta de Sartre. Imagínate a un carnicero novato que está intentando embutir una excesiva cantidad de carne en una tripa de grandes dimensiones. Tras haber introducido toda la mezcla para el chorizo, sigue ahora atestándola de mortadela bien apretada para que haya también lugar para una buena cantidad de longaniza. De tanto apretujar el relleno, finalmente el extremo cerrado de la tripa acaba reventándose y todo el chorizo y la mortadela se desparraman por el suelo mientras nuestro inexperto carnicero acaba sólo con un embutido de longaniza. Esta analogía sirve para proponer un peligro que se cierne sobre el mundo académico: me refiero al estudiante de teología que sin darse cuenta elimina lo que ha ido aprendiendo en este campo mientras ahora estudia sociología, y que pronto abandonará sus conocimientos de estas dos disciplinas cuando se atiborre de cursos de psicología. En esta sucesión, el conocimiento ya no es de carácter aditivo o acumulativo sino seriado. Por cada cosa nueva que se aprende se olvida algo de lo aprendido anteriormente: nuestras capacidades cognitivas funcionan como un recipiente de un volumen específico cuyo contenido ha de mantenerse lo más homogéneo posible.

Si el personaje autodidacta llegara a las obras de Whitehead, *Adventures of Ideas*[2] (Las aventuras de las ideas) y *Process and Reality*[3] (Proceso y Realidad), que desafortunadamente se encontrarían hacia el final del alfabeto en un listado de autores (¡para cuando llegara sería probablemente octogenario!) podría llegar a descubrir que el conocimiento humano no es aditivo o acumulativo sino pluralista y dependiente de distintas perspectivas. Consiste en «prehensiones» de «concrescencias» específicas y fugaces que son, por así decirlo, estaciones del pensamiento más que edificios acabados. Descubriría que el pensamiento debe ser algo abierto porque la realidad se autoconfigura constantemente, o que nuestra imagen de la realidad ha de ser abierta, porque el pensamiento humano está también en un proceso constante de remodelación.

El conocimiento profesional como perspectiva

Si bien es cierto que, en un comienzo, las palabras de Whitehead suenan una tanto densas y extrañas, merece la pena prestar atención a lo que expresan puesto que tratan de algo con lo que los profesionales, especialmente aquellos que trabajan en profesiones de ayuda, se encuentran casi a diario. ¿Qué profesional de los campos mencionados no ha estado reunido con diferentes expertos en un intento de valorar el problema de alguien a fin de poder impartirle una ayuda significativa o al menos hacer una aportación a tal efecto? Hablemos por ejemplo de una familia en la que la madre trabaja, el padre está desempleado y tienen varios hijos, uno de los cuales ha tenido un pequeño problema con la ley. La familia acaba de ser desalojada del piso de alquiler en el que viven... Tarde o temprano, la reunión en cuestión se convierte en un debate cuando uno de los concurrentes pregunta, ¿cuál es el *verdadero* problema? Y luego, sin dejar espacio para ninguna respuesta, procede a imponer su punto de vista. El trabajador social escucha con educación al abogado y al pastor que forman parte del equipo que lleva el caso, pero insiste en que el verdadero problema es la cultura de pobreza en la que esta familia ha desarrollado su existencia durante muchos años. Si entre los presentes hubiera un psiquiatra, probablemente se centraría en la anormal dependencia del marido hacia su esforzada y maternalista esposa, que consigue mantener una precaria unidad de la familia a un costoso precio emocional para sus hijos, en especial para los varones, que a su vez encuentran en el padre un exiguo modelo masculino con el que identificarse. Para el psiquiatra, el verdadero problema subyace en las convulsas emociones vinculadas a la confusión de los papeles que el padre y la madre han invertido completamente. Si también formara parte del equipo de ayuda un sacerdote que hubiera tratado a la familia durante algún tiempo y que hubiera escuchado las ocasionales confesiones del padre, el verdadero problema pasaría a ser la infidelidad conyugal del marido y la laxitud moral que se había apoderado del ambiente familiar. El sacerdote vería el problema en este factor de pecado, y así sucesivamente.

¿Cómo puede encontrarse el verdadero problema entre tantas desgracias, dificultades, contratiempos o síntomas que presentan las distintas profesiones de ayuda? ¿Cómo pueden sortearse las distintas formulaciones presentadas para conseguir encontrar el *verdadero* problema? ¿Acaso cada disciplina o profesión no cree que su definición del problema es real? ¿Acaso es más real la definición del problema que ofrece la disciplina más sólida o la que en aquel momento es más popular? ¿Y acaso uno de los profesionales que forman el equipo ha de «ganar» la discusión por haber dado la definición «más real» en el caso de que dos o tres de ellos no consigan ponerse de acuerdo? ¿Hay alguien especialmente experto en la realidad que pueda arbitrar en tales conflictos?

Estas son cuestiones acuciantes que afectan a las profesiones de ayuda y que todo pastor conoce perfectamente aunque puede que les preste poca atención. Si lo pensamos cuidadosamente, estas cuestiones son bastante desagradables, puesto que se relacionan con la tensión por el poder entre las diferentes disciplinas. Las voces de algunos profesionales se ven apagadas por las de otros que se expresan con mayor volumen. Se fuerza a la valoración profesional de cierta disciplina a sucumbir ante la estimación que hace otra de ellas. La oferta de ayuda de una de las disciplinas se pone a un lado, más por razones de la imagen popular que tiene la profesión en cuestión, que por la pertinencia del punto de vista propuesto.

La posición de Whitehead respecto al conocimiento, cuando se adapta a las cuestiones de orden profesional que estoy planteando, nos permite elevarnos por encima de cualquier forma de supuesta superioridad entre las diferentes profesiones. Creo que esto representa un gran beneficio para el discurso y la cooperación interdisciplinaria. Todas las disciplinas tratan de la realidad. Todas las profesiones de ayuda son capaces de formular definiciones del problema real. Las disciplinas y profesiones son solo distintas perspectivas desde las que podemos entender la realidad. Cada una de ellas es parcial, limitada, específica: ninguna es más real que otra.

En las observaciones y argumentos que expondré a continuación, la concepción subyacente de cada una de las ciencias, disciplinas, ramas de saber, profesiones, técnicas y artes será que cada una de ellas posee una perspectiva única y especial. Cada una de ellas tiene algo que ver con la dura, caótica y compleja experiencia que William James describió en una ocasión como «una condenada confusión enorme y llena de zumbidos».[4] Cada fragmento de conocimiento es también, por tanto, una *forma* de conocimiento que funciona dentro de una perspectiva concreta, participa de un juego lexicológico concreto y forma parte integral de un conjunto concreto de operaciones. La integración definitiva de todas estas perspectivas en un solo enfoque puede constituir un difícil problema filosófico en una era que no reconoce la preeminencia de ninguna ciencia o disciplina ya que esta harta de autoritarismo intelectual. Aun así, puede intentarse una cautelosa integración de algunas perspectivas, pocas y bien escogidas (con la conveniente amplitud de miras y para propósitos concretos).

Por mi parte, deseo hacer un modesto intento, no ya de integrar dos perspectivas distintas sino de situarlas reflexivamente una junto a la otra. He elegido la teología y la psiquiatría (más concretamente la teología pastoral y la psiquiatría clínica). Los contornos de estas disciplinas son ya un tanto imprecisos: la psiquiatría, la medicina y la psicología han afectado en buena medida a la teología pastoral y, por su parte, la psiquiatría clínica ha recibido notables aportaciones de la biología, la ciencia médica, la psicología, la sociología y la historia de la cura de almas. Puede que en ocasiones tenga que referirme a las disciplinas «teológicas» y «psicológicas» en un sentido muy amplio a fin de reconocer la intrincada e inestable mixtura de ciencias básicas y aplicadas que inciden en cada campo, en los que, por otra parte, pueden discernirse unas perspectivas muy características. En otras ocasiones me referiré a la ciencia básica, aplicada o auxiliar en cuestión y a las técnicas o capacidades que se relacionan históricamente con cada una de estas perspectivas y que las afianzan a una tradición profesional y de investigación en concreto.

Mi elección de la teología pastoral y la psiquiatría clínica viene motivada por un calculado oportunismo, unido a una convicción personal. En este momento, estas dos disciplinas comparten una ambición explícitamente holística. Constituyen amplias visiones de la realidad humana que no excluyen los detalles difíciles de integrar ni evitan los inestables caminos del hombre en la salud o la salvación. Ambas disciplinas están en sintonía con el valor profesional de la ayuda en aspectos como sanar, guiar y sustentar, y se reconoce ampliamente su relevancia para hacer frente a las dificultades diarias del hombre; las rodea un aura de potencia y competencia para traer alivio a las formidables tensiones y sufrimientos humanos. Millones de personas solicitan los servicios de una y otra disciplina o de una combinación de ambas. Por otra parte, la psiquiatría clínica y la teología pastoral comparten problemas especiales que hacen que la comparación entre ambas sea oportuna: la teología pastoral puede integrar crípticamente mucha psicología, y la psiquiatría clínica, mucha teología.

La nota oportunista de mi comparación entre las disciplinas teológica y psicológica se deriva también de mi propia situación

La diagnosis pastoral

profesional. Como psicólogo clínico, he tenido ocasión de moverme en dos mundos muy distintos y complejos: el «teológico» y el «psiquiátrico» (considerando ambos términos de un modo genérico). No soy ni teólogo ni psiquiatra, ni tampoco pastor o médico. Mi interés particular está en la teoría de la personalidad, que en principio es aplicable tanto al pensamiento teológico como al psiquiátrico y útil igualmente para la tarea pastoral y la clínica. Trabajo en una institución psiquiátrica donde no solo participo de actividades clínicas en sí, sino también en la reflexión acerca de temas de relevancia clínica, así como en su enseñanza. En esta institución he asumido por un tiempo la responsabilidad de la formación de los profesionales, es decir, las licenciaturas y estudios posgraduados de profesionales tan distintos como psiquiatras, trabajadores sociales, psicólogos, clérigos, terapeutas, enfermeras y estudiantes de medicina. Mi labor me obligó a observar las diferencias y similitudes entre estas profesiones y a estar atento a los peligros de confusión en que pueden caer con facilidad los alumnos en un contexto multidisciplinar. Sin embargo, por distintas razones también he participado en diversas tareas docentes en seminarios, desde la enseñanza curricular de temas psicológicos y psiquiátricos hasta el asesoramiento de los decanos y varios grupos de la facultad respecto al modo de impartir aquellas enseñanzas de la psicología que afectan al cuidado pastoral y a la consejería cristiana. Esta última actividad fue esencialmente una labor de asesoramiento que, sin embargo, no me llevó a convertirme en consejero pastoral. Tampoco el trabajo que he hecho para algunos consejos o agencias eclesiales o como miembro del antiguo Consejo Para La Formación Clínica (Council for Clinical Training), me han llevado a convertirme en ninguna clase de teólogo o asesor pastoral.

Lo que sí hizo este papel de asesor en tales ámbitos fue despertar mi curiosidad respecto al complejo mundo en que se mueven quienes se dedican a la ayuda y a la sanidad. Me dio la oportunidad de aprender algo del modo en que las distintas profesiones absorben, asimilan o toman prestados diversos conocimientos y técnicas mediante patrones, siempre cambiantes, de concesiones mutuas. El asesor ve diversos patrones de interacción entre las disciplinas. Ve a los puristas y a los eclécticos, a aquellos que conciben los límites entre las disciplinas como algo permeable y a quienes los entienden como formidables barreras. Se encuentra con algunas concepciones de identidad profesional rígidamente ancladas en patrones de conocimiento y de trabajo tradicionales y pétreos, y con otras que por su falta de concreción son imprecisas y ambiguas.

Dadas estas observaciones, el papel del asesor es en cierta forma, e inevitablemente, dialéctico: tiene que corregir situaciones descompensadas. No puede ser únicamente ni un generoso ecléctico ni un mezquino purista. Cuando observa demasiada mezcolanza y confusión ha de llamar la atención a los principios de especificidad profesional; cuando encuentra demasiado purismo ha de explicar la necesidad de mutualidad en las concesiones a fin de aflojar un poco la rigidez. A lo largo de este libro pretendo mantener una posición de asesor que presenta una visión interdisciplinaria de aquellas cosas que, en mi opinión, son importantes para los pastores. Esta obra es fruto de muchas sesiones con pastores en prácticas y estudiantes de seminario un tanto desconcertados por su tarea y proclives a hacerse eco del pernicioso aforismo «nosotros los pastores sabemos un poco de todo y mucho de nada». Disiento enérgicamente de este modo de valorar la profesión pastoral y me propongo darle una dirección más provechosa. No obstante, a medida que avancemos en esta exposición, hemos de prestar atención a algunas de las razones históricas de la baja autoestima de estos pastores como profesionales.

2

La piedra de toque de la integridad profesional

A fin de abordar la problemática situación presentada en el capítulo anterior, propongo un enfoque muy conciso: considerar la labor del ministro como elaborador de diagnósticos. Este planteamiento parece natural, lógico y directo cuando se considera que quienes desean impartir ayuda se encuentran con situaciones que, en primer lugar, requieren alguna forma de definición.

¿De qué forma, con qué conceptos, palabras y enfoque valora un pastor en ejercicio el problema de un feligrés que desea su ayuda pastoral? ¿Qué es lo que distingue una evaluación pastoral de otra psicológica? ¿Cuáles son las ciencias básicas y aplicadas que utiliza un pastor cuando se pone a disposición de alguien que busca su ayuda para resolver un problema personal? ¿En qué términos describe a su feligrés y valora sus problemas? Cuando ofrece su ayuda pastoral, ¿de qué modo procede a sanar, guiar o apoyar a esta persona que se dirige a él en busca de asistencia? ¿Comienza con una evaluación previa del problema, o se lanza directamente a la práctica de ciertos protocolos de ayuda que ya ha practicado con anterioridad? En caso de realizar un diagnóstico, ¿cómo lo hace? ¿Y tiene tal diagnosis algún efecto sobre sus labores de ayuda, sus técnicas o metas de asesoramiento, los consejos y estímulos que imparte o cualquier otra intervención pastoral? ¿Sabe lo que su aconsejado espera de él? ¿Se da cuenta de lo que éste espera obtener al escoger como fuente de ayuda a su pastor en lugar de dirigirse a un abogado, médico o trabajador social?

Éstas no son preguntas artificiales ni abstractas. Si bien se relacionan en gran parte con cuestiones teóricas, no son en modo alguno académicas. Son cuestiones que yo mismo me he planteado a partir de diversas consideraciones teóricas y prácticas en las cuales la propia autenticidad de varias profesiones de ayuda y la integridad de sus disciplinas se han convertido en verdaderos objetos de preocupación. Quiero compartir, con mayor detalle y mediante algunas ilustraciones de observación participativa, ciertas parcelas de experiencia profesional que fui adquiriendo a lo largo de los años y que me llevaron a las preguntas que antes he planteado y a mi elección del diagnóstico como objeto principal de estudio.

Comencé mi profesión durante los apasionantes años que siguieron a la Segunda Guerra Mundial. Eran días de gran auge para la psicología clínica —que pronto se fusionó con la psiquiatría dinámica— debido a su gran demanda por parte de personas que experimentaban una gran agitación y confusión mental. Una ciudadanía progresista e ilustrada exigía hospitales y clínicas mentales de calidad que sustituyeran a los tugurios que se habían acumulado durante los últimos cincuenta años. Mi profesión recibía también el estímulo de padres y educadores progresistas que querían ser formados en los principios de la sanidad mental, destacados profesionales dispuestos a hacer sus recomendaciones y ávidos de demostrar la viabilidad de su disciplina. También, como no, cuenta el estímulo del dinero procedente de fondos estatales y privados para financiar servicios, investigación y formación de profesionales. Desde su mismo comienzo, la que se dio en llamar «segunda revolución de la psiquiatría» (la primera vino con el descubrimiento y primeras aplicaciones del psicoanálisis), sintonizó con la idea de los equipos de trabajo multidisciplinares de los cuales surgiría después el concepto moderno de las «profesiones de la salud mental». Entre otros, algunos ministros quisieron formarse como capellanes para trabajar en cárceles u hospitales mentales y tratar así a personas en situaciones críticas. Las escuelas de teología introdujeron en sus planes de estudio algunos cursos de psicopatología, psiquiatría dinámica, desarrollo humano y consejería. El movimiento de formación clínico pastoral —que ya había estado activo durante algunas décadas— experimentó una gran expansión y formalización, y sus cursos se convirtieron en populares materias adjuntas y objeto de especialización para muchos pastores.

La piedra de toque de la integridad profesional

En aquellos años conocí a muchos capellanes que desarrollaban su tarea en los mismos hospitales que yo. Muchos de ellos estaban por completo convencidos de que la teología y la psiquiatría tenían mucho que ofrecerse mutuamente. Durante las horas de las comidas y al finalizar la jornada se suscitaban apasionantes comparaciones e interesantísimos debates. Capellanes y psicólogos clínicos impartimos conjuntamente seminarios a psiquiatras residentes, a seminaristas o a pastores en ejercicio. Me di cuenta de que una gran parte de la formación que se impartía era parcial con el consentimiento de ambas partes: los teólogos se sentaban a los pies de los «Gamaliel» de la psiquiatría con aparente conformidad y solo replicaban ocasionalmente con aportaciones de orden teológico.

Después llegó una segunda experiencia, ahora asesoraba a algunas escuelas teológicas respecto al lugar y las formas de las disciplinas psicológicas en la educación teológica. ¿Qué había que recalcar, la teoría o la práctica? Y si ambas, ¿en qué proporciones? Intenté hacer mi aportación encontrando maestros bien formados en estos temas, aptos para trabajar con una metodología de estudio de casos y que ofrecieran una supervisión competente; también tenían que ser capaces de ejercer un adecuado discernimiento en el mundo de las ideas médicas y psiquiátricas, recursos humanos, instituciones y prácticas. Dado el intenso trabajo docente que yo mismo desarrollaba fuera de la institución, mi frecuente participación en los comités de planificación de los seminarios, y mi posición como observador de la cortés batalla intestina que se desarrollaba entre los miembros de la facultad dedicados a campos sistemáticos y aquellos que se desempeñaban en las materias más prácticas, me identifiqué con la difícil situación de los pobres decanos. Por ello escribí algunos tratados con detalladas explicaciones: qué materias había que enseñar, cómo reformar los trabajos de campo tradicionales, cómo ejercer una buena supervisión, cuáles eran las escuelas de pensamiento psiquiátrico más importantes o más prometedoras, qué había que hacer para realizar un seguimiento de la formación de los ministros, cuáles eran los callejones sin salida y los escollos del diálogo interdisciplinario entre la teología y la psicología, llegando al punto de relacionar los temas viables para las tesis doctorales y separar los que no lo eran.

Me esperaba un tercer revoltijo de experiencias al convertirme en director de formación de profesionales de un gran centro psiquiátrico famoso por su consagración al método de trabajo en equipo, tanto en

La diagnosis pastoral

la práctica clínica como en la formación. Ahora tenía que vérmelas con los planes de estudios específicos para psiquiatras, enfermeras, psicólogos, ministros, trabajadores sociales etc. Tenía que establecer qué materias eran susceptibles de impartirse conjuntamente a todos los grupos o a determinadas combinaciones de ellos. En aquella época aprendí algunas cosas respecto a los puntos importantes de cada profesión y a los riesgos de las diferentes carreras, y comencé a hacer mis conjeturas respecto a las motivaciones para escoger las distintas profesiones. Aprendí además que no se pueden ignorar las influyentes tradiciones y valores que acompañan a la profesiones. Impartí enseñanza en casi todos los programas y participé en la supervisión y consultoría entre las diferentes disciplinas. De nuevo encontré que la instrucción para los clérigos era parcial (los pastores estaban ávidos por absorber todo el conocimiento psicológico posible sin siquiera plantearse cierta reciprocidad en la instrucción). Rara vez se esforzaban en enseñar a las demás profesiones a partir de sus disciplinas o técnicas básicas. Tampoco los miembros de otras profesiones les pedían algún tipo de instrucción, excepto Karl Menninger, yo mismo y algunos otros miembros de la facultad. Esta observación la hago con gran convicción, sabiendo que es algo muy habitual y probablemente todavía más frecuente en otros centros psiquiátricos. Es más, he descubierto que, si se les pidiera que lo hicieran y se les pagara por hacerlo, a los ministros les sería muy difícil saber qué tienen que enseñar —a partir de las disciplinas que les son propias— a profesionales de las disciplinas relacionadas con la psicología. De hecho, ¿cuáles serían las ciencias básicas, o las técnicas adquiridas, o los métodos que escogerían por su relevancia? Para demostrar que para mí éstas no son meras cuestiones retóricas, permítaseme responder provisionalmente proponiendo algunas posibles materias procedentes de las disciplinas religiosas: ética, visitación, el arte de la conversación y el uso sensible de los símbolos en el pensamiento sistemático y en las tareas litúrgicas.

Estas cuatro propuestas surgen de las siguientes observaciones que me vi forzado a realizar. Durante la última década, la psiquiatría experimentó una tercera revolución propiciada por la regionalización de los servicios de salud mental y el mayor hincapié en la prevención. Una parte del personal psiquiátrico se impacientaba con las tareas propias del hospital, la oficina o la consulta. Estos profesionales querían estar en primera línea: en las escuelas, tribunales, agencias

La piedra de toque de la integridad profesional

sociales, barrios marginales, urbanizaciones, grupos de acción política, consejos escolares, etc. Antes de ellos, muchos ministros que habían llegado a agotar su paciencia para con el púlpito y la congregación también habían buscado en la arena pública ocasiones de participar en la mejora social. El ministerio profético sedujo a algunos trabajadores sociales para iniciar una forma de psiquiatría profética. Más concretamente, la prerrogativa tradicional de los pastores de iniciar contacto con cualquiera y visitar a las personas en sus hogares sirvió, consciente o inconscientemente, de modelo a seguir para muchos trabajadores del campo de la salud mental, que vieron en ello un modo de impulsar sus propias metas como agentes de prevención o cambio. En otra parte[5] he descrito esta prerrogativa especial como el *derecho pastoral de iniciativa y acceso*. Siempre he suplicado a los ministros que sean conscientes de que este derecho es uno de sus activos más valiosos, prácticos y funcionales. Al menos esto es lo que piensan muchos de quienes trabajan en la salud mental; éstos, impulsados por sus propias necesidades y metas profesionales, asumen una posición casi pastoral y tienen buenas razones para envidiar a los pastores su derecho a esta singular prerrogativa. Los psiquiatras y psicólogos, tan acostumbrados a que sean los clientes quienes vengan a sus propios despachos, han tenido que aprender las sutilezas de los servicios domiciliarios, las visitas a hogares y la conversación con personas que no son formalmente sus clientes. Se han visto obligados a cambiar el ritual de sus sagradas horas de cincuenta minutos; han tenido que comenzar a trabajar los sábados y domingos, a aprender los ritos de los grupos sociales, y algunos de ellos han llegado a inventar liturgias seculares de sanación con notas casi sagradas. En todas estas adaptaciones no se puede pasar por alto la influencia de los modelos preexistentes de iglesia, pastorado y comunidad de fe. Esta reflexión es uno de los ejemplos que aparecen en la tesis de Talcott Parsons[6] para ilustrar que, en ocasiones, el mundo secular se configura según los valores sagrados de la religión institucional.

Después de esto llegó el factor decisivo que condujo directamente a mis preguntas respecto a la diagnosis pastoral. Reconociendo que tradicionalmente la parroquia o congregación era el hábitat natural de la mayoría de los pastores, mi institución decidió trasladar los talleres de su programa de cuidado pastoral y consejería, que pasaron del hospital a los ambientes congregacionales. Todo esto se hizo a pesar de las críticas de la agencia de homologación de cursos que en aquel momento no creía que las parroquias pudieran ser un emplazamiento idóneo para la formación. La mayoría de los pastores matriculados en nuestros cursos de formación clínica no estarían en contacto con los pacientes psiquiátricos, atrapados ya en el marco salud/dolencia de la clínica o el hospital. En lugar de ello se pondrían al servicio de personas con problemas en congregaciones específicas que acudían a su pastor en busca de ayuda en sus propias iglesias locales y dentro del marco de trabajo conceptual y de operaciones de aquella iglesia con su peculiar forma de gobierno, su teología y sus disposiciones fiscales. Trabajaban bajo la supervisión de pastores con formación clínica y recibían enseñanza didáctica de otros ministros además del asesoramiento y formación de algunos psiquiatras, trabajadores sociales y psicólogos entre los que estaba también yo mismo. Estos últimos creían firmemente que la obra pastoral puede mejorar mucho mediante el conocimiento de la psicología y algunas de sus técnicas, pero que la del ministro cristiano es una tarea singular. Estos profesionales ajenos al mundo teológico asumían que los pastores se movían dentro de un marco de conceptos, tradiciones, símbolos y prácticas distinto al del mundo de la psicología. Después de años de trabajo en la educación clínico-pastoral, cuyo principal interés había demostrado ser la transferencia del máximo caudal posible de conocimientos y técnicas desde las disciplinas psicológicas a las teológicas, parecía ahora que las cosas se dirigían a estimular la autenticidad en la obra pastoral. La cuestión del diagnóstico, a saber, el modo de evaluar a la persona que se acercaba con un problema, se convirtió en la piedra de toque de las diferencias entre estas profesiones. La frase clave era ¿cómo diagnostican los pastores a las personas que buscan su ayuda?

De modo que algunos de mis amigos y yo comenzamos a asistir a conferencias pastorales donde se comentaban experiencias. Se leían informes pastorales de distintos casos, se veían grabaciones de vídeo de procesos pastorales de consejería en algunas congregaciones, se escuchaba de boca de los feligreses lo que esperaban de sus pastores, y se prestaba especial atención al lenguaje que utilizaban estos últimos para describir sus observaciones e intervenciones. Si tuviera que resumir brevemente mis conclusiones: aquellos pastores utilizaban constantemente «nuestro» lenguaje psicológico y con frecuencia la terminología más ambigua e imprecisa (palabras anquilosadas como *depresión, paranoide, histérico*). Cuando se les instaba a expresar con su propio lenguaje lo que observaban, utilizando sus propios conceptos

La piedra de toque de la integridad profesional

y símbolos teológicos, o se les pedía que dirigieran sus entrevistas con plena conciencia de su oficio pastoral y del marco eclesial en el que se encontraban, se sentían completamente desconcertados. Cuando los feligreses buscaban con claridad respuestas pastorales a cuestiones de conciencia o de ortodoxia de la fe, los pastores tenían la tendencia de, o bien ignorar por completo la consulta, o traducirla rápidamente en sutilezas psicológicas o de interacción social. Por lo general, daban una impresión parecida a la de aquella especie de malogrado embutido del que antes hablábamos: las categorías teológicas en las que habían sido formados habían sido sustituidas por un sistema psicológico de ordenación.

No obstante, la situación no es tan lóbrega como la que hemos descrito hasta aquí. Doy fe de que la mayoría de los pastores aportaban a su trabajo calor pastoral, dedicación, muchas ganas de ayudar, perspicacia y religiosidad. Algunos aportaban también un notable e innato sentido común a su tarea y conseguían aliviar las cargas de sus feligreses con gran ternura. Sin embargo, y a pesar de estos dones, manifestaban y en ocasiones hasta confesaban, que sus disciplinas teológicas básicas les ayudaban muy poco en la ordenación de sus observaciones y la planificación de sus pasos de ayuda. No confiaban demasiado en la utilización ocasional del lenguaje teológico por parte de sus feligreses o en su presentación de supuestos conflictos teológicos. Cuestiones de fe se convertían enseguida en asuntos de roles matrimoniales, protesta adolescente contra los padres o en dinámicas de transferencia en la propia situación de orientación pastoral. Parecía haber una duda implícita acerca de la relevancia de la teología, tanto para la vida de cualquier feligrés como para el método y contenido que guiaba el proceso de orientación del pastor. Parecía también que les gustaba la terminología psicológica, sin darse cuenta de que este tipo de lenguaje era tan susceptible de abusos como la jerga teológica, y que también podía convertirse en una defensa intelectual en contra de la experiencia humana.

Desde la perspectiva que yo propugno, cuando un profesional deja de conocer su ciencia básica o no entiende su relevancia se crea una situación lamentable. Es cierto que, en la mayor parte de las profesiones, la ciencia aplicada y los aspectos técnicos son los que tienden a utilizarse para el trabajo diario y a convertirse en el principal objeto de atención. Sin embargo, los puntos de anclaje del pensamiento y de la acción profesional han de seguir siendo claros para aportar una base a su identidad y una fuente de reposición. Es también cierto que, en ocasiones, las ciencias aplicadas y las técnicas tienen su propia manera de influenciar, inversamente, a las ciencias básicas de las que en su día surgieron. Aun así, en cada disciplina sigue habiendo un remanente fundamental de conocimiento que determina los juegos de lenguaje y las distinciones entre presupuestos, datos e inferencias que son permisibles en cada caso.

Por ello, quiero dejar claro que mi planteamiento de la cuestión de la diagnosis pastoral no responde a ningún oscuro interés político o desquite profesional. La formación clínico-pastoral ha alcanzado su mayoría de edad y es hora de que reflexione acerca de sus raíces. El trabajo clínico-pastoral está tan extendido y es tan obviamente relevante para las necesidades humanas, que quienes lo practican han de comenzar a pensar en su autenticidad más que en su propagación. Tengo la sensación de que en las profesiones de ayuda se ha promovido el pluralismo de un modo tan entusiasta y está ahora tan bien establecido, que ha llegado el momento de considerar el carácter específico y peculiar de cada una de las profesiones. Considero que la cuestión del diagnóstico es un importante punto de partida para abordar este asunto y creo que será un tema asequible y fructífero.

3

Diagnóstico: un nuevo uso para una antigua palabra

Aunque los términos «diagnosis», «diagnóstico» y «diagnosticar» parecen haber sido absorbidos casi completamente por la medicina, ningún estudiante de griego se sorprenderá al oír que se trata de palabras de carácter general. Se utilizan para expresar la acción de discernir o discriminar en cualquier campo del conocimiento, distinguir una condición de otra y, por tanto, significa «resolver» o «decidir». *Diagignoskein* («distinguir»), se diferencia por una parte de *dokein* («parecer apropiado», «pensar»), acción que conduce a la formación de opiniones y de dogmas; por otra parte, se distingue también de *aisthanesthai* («aprehender por medio de los sentidos»), que significa percibir o ver algo de un modo cercano al nivel de la apariencia. Diagnosticar significa entender las cosas como son en realidad, de tal modo que se pueda actuar correctamente. Por ello, en medicina, la diagnosis se vincula con la etiología ya que su penetrante visión llega hasta las causas y trata con los patrones relacionales de causa y efecto durante el curso de la enfermedad.

Evidentemente, estos sentidos de diagnóstico y diagnosticar son aplicables a disciplinas como la jurisprudencia, la ética, la sociología, la economía y, sin duda, a todas las llamadas profesiones de ayuda. Una afección puede implicar tensión, sufrimiento o malestar, que a su vez producen un deseo de alivio y mejora. Puede decirse que siempre que se nos presenta un paciente en tal situación, lo primero que hay

La diagnosis pastoral

que hacer es diagnosticar la dolencia. Cualquier persona que aspira a impartir ayuda a otra ha de saber exactamente qué es lo que tiene delante o, de lo contrario, solo podrá dar palos de ciego. Visto de este modo, la diagnosis es también, y en buena medida, una tarea pastoral. Debería ser una parte esencial de las actividades diarias de cualquier pastor. ¿Quién negará que los pastores han de acercarse a sus feligreses con un claro entendimiento de su condición, situación y problemas, y con ideas bien definidas respecto a cómo intervenir para ayudar?

A lo largo de la historia, el diagnóstico no ha sido una labor ajena a la esfera de lo teológico. Hay al menos dos grandes hitos en la literatura del diagnóstico teológico, dos obras que sin duda son de naturaleza muy distinta. Pero las dos abundan en claras descripciones de varias afecciones junto con sutiles distinciones entre ellas. Son descripciones que distan mucho de ser superficiales y que se esfuerzan en presentar «las cosas como son». La primera de estas obras es el *Malleus Maleficarum*,[7] escrita en 1480 por dos frailes dominicos con la intención explícita de ofrecer un manual de diagnóstico para practicantes de exorcismos. Se centran en el fenómeno de la posesión diabólica y en el modo de distinguirla de otras dolencias, algunas de las cuales pueden ser de orden médico. Centrado como está en la demonología, no puede decirse que el contenido de esta obra sea precisamente pastoral según nuestros criterios de hoy, o incluso los de aquel tiempo (a no ser que se consideren actividades pastorales la quema de personas en autos de fe y el prematuro envío de las almas a su eterna morada). No obstante, su meta última sí era pastoral, a saber, la purificación del alma. No hay duda de que este libro se escribió a fin de fomentar entre el clero el arte del diagnóstico. Y si nos sentimos horrorizados por este temprano ensayo tan mal encauzado, tenemos razones para estar agradecidos a la profesión médica que, mediante el trabajo de hombres como Johannes Weyer, se esforzó en encontrar alternativas más humanas desarrollando un sistema de diagnóstico completamente distinto. Es una lástima, sin embargo, que tal humanización condujera de facto a un cambio del pensamiento teológico al médico, lo cual arrebató a la teología parte de sus legítimas funciones de diagnosis.

La segunda obra que ha hecho época en esta cuestión del diagnóstico pastoral es el libro de Jonathan Edwards, *A Treatise Concerning Religious Affections*[8] que se publicó en 1746. También esta obra se escribió en un periodo convulso con el propósito de hacer

Diagnóstico: un nuevo uso para una antigua palabra

frente al fenómeno de la agitación religiosa. En el marco del Gran Avivamiento se producían enigmáticas manifestaciones que requerían discernimiento teológico, un cuidadoso examen psicológico y, en el último análisis, alguna forma de separación de ovejas y cabritos (por usar la metáfora bíblica) para poder llevar a cabo la cura de almas. Edwards subrayó «las señales de los sentimientos producidos por la gracia», mencionando tanto las de carácter positivo como las negativas. Habló de los «rasgos distintivos» de la santidad y de las «cualidades de aquellos que están bajo el favor de Dios y optan a sus recompensas eternas». Edwards fue un penetrante diagnosticador que llegó mucho más allá de las impresiones superficiales. Distinguía entre los indicadores que eran buenos para el diagnóstico y los que eran más precarios, y creía que algunas señales eran sospechosas, por no decir sin valor alguno. Por ejemplo, no consideraba que la mera intensidad de los sentimientos fuese pertinente de cara al diagnóstico; no reconocía a ciertas manifestaciones corporales ni a la verbosidad valor alguno como indicadores de conversión. Tampoco confiaba en el valor probatorio del abundante uso que algunos de sus feligreses hacían de textos bíblicos, o su alto nivel de asistencia a los servicios de adoración o el interés en conversar sobre temas religiosos. Según nuestros criterios, al *Tratado* de Edwards le falta un claro fundamento empírico; gira más alrededor de sus propias convicciones doctrinales que de una cuidadosa observación de las personas de su círculo. En este sentido, parece más un estudio doctrinal con un contenido psicológico que una obra propiamente teológica y pastoral. No contiene casos concretos para su estudio, ni ilustraciones, ni tampoco concluye con recomendaciones para intervenciones específicas. Los «documentos vivos» o personas concretas a que se refiere Edwards son personajes bíblicos y algunos santos de la iglesia, todos ellos situados en el pasado remoto. No obstante, su pensamiento está sin duda orientado hacia el diagnóstico y bien sintonizado con la concreta situación religiosa de su época.

El *Malleus Maleficarum* es un texto pesado y altamente autoritario. Politizado como estaba, el proceso de diagnóstico se convirtió en un acto sacerdotal que se imponía sobre una víctima potencial y probable. Conducía a un veredicto y éste, a su vez, a actos crueles y vengativos. Esta clase de diagnosis sacerdotal era un acto de poder. No así el *Tratado* de Edwards, en cuyo acercamiento —todavía bastante autoritario, o paternalista cuando menos— la parte que es objeto de diagnóstico tiene algo que decir al respecto. De hecho, Edwards menciona el autoexamen que, si se lleva a cabo de manera deliberada, entraña un proceso de escrutinio que efectúa la propia persona, aunque guiada por un experto. Entre paréntesis, ¿cuántos médicos de nuestros días han abandonado hasta tal punto el modelo paternalista que encauzan el proceso de diagnóstico de modo que el paciente participe verdaderamente en él?

Un siglo después de Edwards, Soren Kierkegaard se esforzó en encontrar un modelo teológico de autodiagnóstico. Sus obras[9] dejan entrever atisbos de un incesante proceso de diagnóstico que en ocasiones rayan en el pensamiento obsesivo. Lo que lo hace especialmente interesante es que, en este caso, teólogo y paciente son una misma persona. Kierkegaard conduce de manera magistral un diálogo intrapsíquico que encubre con la introducción de dos personajes ficticios que discuten entre sí. Sin embargo, no presenta ningún sistema de diagnóstico ni hay mucho en sus escritos que pueda considerarse pastoral. Aun así, sus obras contienen una buena cantidad de material que puede valorarse como una expresión de autodiagnóstico dentro de un marco exquisitamente teológico. No hay duda de que la ciencia básica de Kierkegaard era la teología, si bien nunca fue ministro en ejercicio ni, menos aún, pastor de otras personas. Su meta era la aprehensión de un conocimiento riguroso cuyo camino comenzaba con la comprensión de uno mismo, orientada al logro de un deseable cambio de corazón.

Todo este trasfondo debería bastar para indicar que la diagnosis no es una función ajena a un enfoque teológico. ¿Por qué es entonces una tarea tan poco frecuente en el ministerio pastoral moderno? ¿Por qué no se imparte en los seminarios (solo en los centros católicos forma parte de los planes de estudios con el nombre de «teología moral»)? ¿Por qué se escribe tan poco al respecto tanto en círculos protestantes como católicos? ¿No será porque tanto la práctica del diagnóstico pastoral como incluso la propia idea han sido desacreditadas por malas aplicaciones, o por sistemas de diagnóstico desatinados?

La respuesta a esta última pregunta es un sí, con ciertas reservas, que también ofrece una respuesta parcial a las primeras. Resumiendo en unas cuantas frases lo que fueron complicados capítulos de la historia, cabe decir que dos importantes factores contribuyeron al rechazo del diagnóstico como actividad pastoral común. Uno de ellos fue la naturaleza y la base de las conclusiones a que tenían que

Diagnóstico: un nuevo uso para una antigua palabra

conducir los procesos de diagnóstico. Desde la Edad Media hasta hace muy poco, los sacerdotes católicos han venido pronunciando juicios respecto a conductas y actitudes que suponían valoraciones morales impregnadas de arrogancia y presunción. Su tarea pastoral seguía criterios desarrollados en el marco de la «teología moral», una rama específica de la teología cuya aplicación a casos concretos estaba por completo normada casuísticamente. Tras la teología moral estaban la teología sistemática y la tradición que suministraban los principios religiosos para las doctrinas morales. La preocupación teológica y pastoral por los problemas de la vida humana se centraba en lo correcto o incorrecto de los motivos y las acciones. En ocasiones, esto conducía más a adoptar procedimientos preestablecidos, en lugar de llevar a valorar con misericordia los problemas para encontrar el curso de acción más conveniente.

Bien pasada la Reforma, cuando los pastores protestantes quisieron despojarse de su herencia casuística, descubrieron la inercia de otro factor tradicional del cual no les era fácil distanciarse. Este segundo factor, en un sentido más influyente y persistente que el primero, era el alcance limitado del diagnóstico pastoral que queda recogido en la expresión «examen de conciencia». Lo que los pastores sometían a investigación y lo que los feligreses ofrecían a tales efectos era la conciencia, ni más ni menos. En gran medida y durante un largo período, el contrato entre pastores y feligreses estuvo anclado en la antiquísima tradición de la práctica penitencial, donde las dos partes tenían que desempeñar papeles muy limitados. La parte del feligrés era ser un penitente potencial o manifiesto; la del sacerdote consistía en escuchar la confesión y pronunciar un juicio que incluía la imposición de una penitencia y la afirmación del perdón divino. Del mismo modo que el paciente ofrecía al médico su cuerpo y sus secreciones para que éste las analizara, el feligrés ofrecía al sacerdote su conciencia con sus operaciones. Los papeles mutuos que determinaban el contrato entre el sacerdote y el feligrés estaban claramente establecidos y normados, por no decir que hasta formaban parte de un rito. Incluso los pastores y feligreses protestantes, tan contrarios a la casuística, se siguieron sintiendo vinculados a estos papeles ancestrales durante siglos y aun después de la Reforma. Las personas iban al pastor para que éste examinara su conciencia, o para que les ayudara en este propósito. Cualquier otro factor psicológico, caso de desempeñar siquiera algún papel, quedaba relegado a un segundo plano. Permítaseme añadir

La diagnosis pastoral

que de ningún modo pretendo censurar o menospreciar los exámenes de conciencia. Simplemente estoy presentando el hecho histórico de que esta insistencia tradicional en el examen de conciencia ralentizó —algunos dirían que bloqueó— la aparición de las valoraciones pastorales.

A nuestro trazado de la gradual desaparición de la diagnosis pastoral hay que añadir ahora la influencia de otra tradición ministerial: la de la dirección espiritual. Si bien se ha identificado a menudo esta tradición con el oficio del confesor (y se le ha hecho por ello acreedora del mismo carácter moralizador), el oficio de la dirección espiritual tenía aspiraciones más elevadas que la mera clasificación de los pecados y el examen de las conciencias. Era capaz de ocuparse de todo el ser consciente, e incluso de los oscuros recovecos de la mente que hoy llamamos inconsciente, en el esfuerzo de desarrollar plenamente la vida cristiana impregnada de una experiencia que afectaría a la totalidad de las acciones, pensamientos, voluntad, inclinaciones y sentimientos de la persona.

Una de las dificultades de esta forma de concebir el oficio pastoral, y del tipo de investigaciones que ello generaba, era su tendencia al autoritarismo. Algunos pastores ejercían su dirección con excesiva dureza y apenas escuchaban a sus feligreses. Como subrayó Michelet, muchos sacerdotes parecían especialmente interesados en ser directores pastorales de mujeres y se manifestaban notoriamente paternalistas. Para los protestantes, la palabra «director» es excesivamente fuerte y transmite inmediatas connotaciones de control. No obstante, tanto los pastores protestantes como los católicos han dado gran valor al papel de consejero, es decir, a la prerrogativa de analizar junto con los afectados las cuestiones importantes de sus vidas, aconsejándoles especialmente en las situaciones de crisis. Se han escrito un sinnúmero de cartas remitidas por pastores tanto a feligreses anónimos como a famosos jefes de estado. La dirección espiritual podía incluir consuelo en el luto, ayuda en la valoración de pros y contras ante la elección de una carrera o vocación, o asistencia en situaciones especiales de crisis como enfermedades, calamidades o guerra. Ni que decir tiene que el director espiritual competente tenía que hacer algún tipo de valoración de los problemas que se le presentaban antes de poder decidir el curso de acción adecuado.

No obstante, esta tradición también carece de un pensamiento sistemático respecto al diagnóstico. La mayoría de los manuales para

Diagnóstico: un nuevo uso para una antigua palabra

directores espirituales son fuertes en lo tocante a prescripciones pero débiles en el asunto de la evaluación. Están impregnados del famoso «furor terapéutico» que se convierte a veces en una exagerada disposición a regular hasta los detalles más nimios de las vidas, que concede poco valor a las diferencias individuales y apenas reconoce la existencia de plazos para el desarrollo.

Si damos un vistazo a las obras actuales de teología pastoral, descubriremos que en este campo parece repudiarse no solo el término «diagnosis», sino el propio concepto que describe. Hace algún tiempo estuve analizando de manera sistemática algunos libros muy destacados del momento acerca del cuidado y la orientación pastoral. Quería saber si realmente existe entre los ministros una verdadera conciencia de la necesidad de un diagnóstico que sea en verdad teológico y pastoral. He hecho públicos mis hallazgos en un artículo[10]: la palabra «diagnosis» no aparece sino muy esporádicamente en los índices de estos libros, y cuando aparece se usa en su sentido médico o psiquiátrico. (La obra del Sr. E. Draper es una excepción solo en apariencia. El autor es médico y está interesado en la diagnosis médica, no en la pastoral).[11] Hiltner[12] nos ofrece un ejemplo de pensamiento de diagnóstico pastoral en su cita de una obra del siglo pasado, del autor Ichabod Spencer. Hiltner cuenta que este ministro, que por otra parte era un hombre bastante capaz e inteligente, parece haber tratado un caso de ayuda pastoral a partir de un diagnóstico erróneo, lo cual le llevó a cometer graves errores en sus intentos de ayudar a una mujer angustiada.

En una obra muy anterior, Hiltner hizo al menos el esfuerzo de aproximarse al difícil asunto de la «diagnosis espiritual» (la expresión entrecomillada es suya) proponiendo que tal diagnóstico tiene tres elementos: diagnóstico de la personalidad, diagnóstico situacional y diagnóstico de los recursos espirituales. No obstante, este último elemento es más una estimación de los valores religiosos positivos de que disponía el aconsejador, y no tanto una evaluación claramente definida de la espiritualidad *per se* de la persona, con sus previsibles ventajas e inconvenientes.

La misma observación respecto a la escasez de pensamiento de diagnóstico pastoral invade al lector del concienzudo texto de McNeill, *A History of the Cure of Souls*,[13] publicado en 1951. Esta obra muestra que, a lo largo de su historia, la obra pastoral y de consejería ha estado ocupada en un activismo febril que imparte fervorosos consejos y

La diagnosis pastoral

guía, que con prontitud corrige, consuela y hace otro tipo de cosas que pueden describirse como «atar» y «desatar». Esta actividad puede estar fundamentada en una gran sabiduría y en un consumada habilidad para las intervenciones pastorales, pero carece de cualquier presentación sistemática de un conocimiento respecto a diagnósticos que pueda guiar tales intervenciones. La ayuda pastoral que se registra en el libro de McNeill está motivada por el celo, la ternura, el arte o la sabiduría, lo cual en ocasiones no deja de ser *furor therapeuticus*. Sus practicantes de la cura de almas son a menudo personas con gran talento por lo que respecta a capacidades intuitivas de discernimiento y muy dotadas para este *arte*, pero no parecen tener deseo alguno de poseer una ordenada ciencia del diagnóstico que guíe sus intervenciones. Las pocas diferenciaciones sistemáticas que reconocen son casi por completo de carácter situacional. Los enfermos, los que están de luto, los encarcelados, los moribundos y los pobres aparecen en su obra como «clases» a las que tratar y que en ocasiones suscitan manuales para oraciones y sermoncillos pastorales para estas situaciones específicas. Este método de categoría y situación mantiene su vigencia incluso en las tradiciones pastorales que subrayan el cuidado y la orientación privados como algo distinto del congregacional y colectivo, que es el que predomina en otras denominaciones o grupos.

Visto desde este ángulo histórico, el movimiento moderno de formación teológico pastoral se apoyaba ambiguamente en ambas tradiciones de ayuda pastoral: la privada y la colectiva. Su fundador, Anton Boisen,[14] subrayó la tradición colectiva acercándose a sus pacientes hospitalizados como una congregación especial que tenía que comprometerse en la adoración, el estímulo mutuo y un sano esparcimiento. Boisen redactó un himnario especial para los hospitales psiquiátricos.[15] La mayoría de sus seguidores modelaron no obstante sus acercamientos fijándose en la exquisita ayuda privada de la psicoterapia y la orientación secular, lo cual llevó a algunas formas modernas de orientación pastoral. Hoy, tras muchos años de práctica y formalización que han ayudado a configurar un valioso liderazgo en este campo, conviene hacer dos anotaciones críticas respecto al papel de la ayuda pastoral en la práctica de la orientación.

La primera es que aquellos pastores que han recibido una formación clínica, si acaso piensan en términos de diagnóstico, lo hacen generalmente utilizando las categorías y el lenguaje de la psiquiatría. Siendo pastores aplican indirectamente a sus aconsejados categorías

Diagnóstico: un nuevo uso para una antigua palabra

psiquiátricas. Digo esto sin ninguna reivindicación de propiedad y sin implicar que tal utilización de esta disciplina sea algo impropio en sí. De hecho, considero importante que cualquier aspirante a consejero tenga nociones básicas acerca del estado psicológico de la persona a la que pretende aconsejar. Si puede disponer fácilmente de este conocimiento a través de sus colaboradores de las demás profesiones de ayuda, tanto mejor. Pero, ¿no estarán interesados acaso los pastores en tener un conocimiento de la persona que surja de principios de clasificación teológicos o religiosos? ¿No les gustaría conocer desde el comienzo —antes de dar rienda suelta a su furor terapéutico— algunas cosas acerca de la situación religiosa de la persona (su estado de gracia, su desesperación, la firmeza o inestabilidad de su lealtad, sus principios o su incredulidad, sus esperanzas [si las tiene], su rebeldía o su tendencia a negar su responsabilidad personal por medio de la piadosa terminología de sumisión del Salmo 23)? Estos son solo algunos de los factores que han de afectar al pastor a la hora de elegir un curso de acción, si es que le concede alguna relevancia.

La segunda nota es de orden más técnico y surge de ciertas reflexiones respecto a las técnicas seculares de orientación que, en mi opinión, están desencaminadas. Por expresarlo de un modo general, la influencia dominante de la orientación clínico pastoral ha sido durante décadas la que proviene de la escuela de Carl Rogers, si bien en estos momentos tal influencia está decreciendo.[16] Esta escuela no solo rechaza explícitamente cualquier división, en tiempo o principio, entre diagnosis y tratamiento, sino que llega a considerar cualquier evaluación previa o diagnóstico como una práctica de mal gusto. En el mejor de los casos, esta escuela sostiene que la razón de ser del proceso de orientación es permitir que el aconsejado descubra por sí mismo la naturaleza de sus problemas con la clarificadora ayuda del orientador, cuya tarea consiste también en frustrar aquellas verbalizaciones superficiales o de carácter defensivo y suscitar sentimientos. También en el mejor de los casos, con este acento se pretende honrar el propio respeto de la persona aconsejada y estimular su capacidad de autodeterminación. Sin embargo, al dejar que las cosas giren alrededor de sentimientos susceptibles de ser constatados y expresados, este acercamiento tiende a limitarse a los fenómenos conscientes y a tomar a la ligera los importantes determinantes históricos que se han convertido en las estructuras de personalidad relativamente permanentes del aconsejado. El marcado hincapié del enfoque rogeriano en el «aquí y ahora» y en aquellos contenidos de nuestro consciente susceptibles de ser consignados, hace que, a priori, los problemas del aconsejado sean transicionales. Esto da al ser un estatus efímero a pesar del lugar central que se le concede en teoría. En su versión más radical, la teoría rogeriana considera el diagnóstico como algo ofensivo; en sus inicios, tal concepción se debía a la suposición de que en todo diagnóstico hay un autoritarismo inherente, más adelante se alegó la innecesaria laboriosidad que requiere, y últimamente porque se considera antihumanista.

La complejidad de nuestro ser va más allá de lo que captamos conscientemente, lo cual no debería ser ninguna sorpresa para quienes sostienen una visión lapsaria del hombre. Según este punto de vista, el conocimiento de nosotros mismos está rodeado de toda clase de engaño diabólico. Respecto a las objeciones rogerianas acerca del diagnóstico, aun reconociendo que algunos psiquiatras y médicos puedan realizar diagnósticos con un talante autoritario, ello no es un problema inherente a la actividad diagnosticadora sino una deficiencia personal de tales profesionales. Concedamos también que en el pasado algunos diagnósticos teológicos han supuesto que el ministro haya tratado de un modo autoritario las vidas de sus aconsejados; tal aberración no invalida *per se* que en la orientación pastoral se hagan valoraciones teológicas del estado de las personas. Asimismo, el hecho de que algunas situaciones sean lo suficientemente intrincadas como para demandar un estudio pormenorizado no convierte en laborioso el proceso de diagnóstico ni, menos aún, lo hace innecesario. La principal razón por la que rechazo la acusación de supuesto antihumanismo que se hace contra el diagnóstico de cualquier disciplina, es la convicción de que los que están sufriendo tienen derecho a que se tome en serio su dolor. Cuando se trata de determinar la naturaleza de las dificultades de una persona a fin de aplicar después un remedio, no debería dejarse ningún cabo suelto. El humanismo exige minuciosidad junto con una aguda percepción y razonamiento.[17]

Es cierto que el trabajo terapéutico serio es un proceso que acaba de ajustar el diagnóstico original y que en ocasiones llega a alterarlo, y ello hasta el punto de que puede decirse que «la terapia es diagnosis». Pero no es menos cierto que existen razones para invertir esta afirmación. La proposición que afirma: «la terapia es diagnosis», sostiene que la diagnosis por sí misma tiene ya cierto efecto curativo aunque solo sea porque hace que el problema del paciente sea más tangible al concretizarlo. Sin duda, los procesos de diagnosis y terapia comparten un espacio común, pero esto no significa que puedan prescindir el uno del otro.

Esta es pues la razón por la que la mayoría de pastores hoy en ejercicio, incluyendo a los que tienen alguna formación clínica, muestran una tendencia contraria al diagnóstico. Y aquellos que utilizan de manera indirecta alguna forma de diagnosis psiquiátrica como fundamento de su trabajo, parecen implicar con ello que la diagnosis no es una prerrogativa teológica y pastoral sino médica.

Entretanto, en el ámbito profesional se sigue suscitando una importante pregunta que está condenada a quedar sin respuesta mientras prevalezca el nihilismo de los pastores respecto al diagnóstico. Hay equipos multidisciplinares bajo auspicios psiquiátricos en los que se integran capellanes con formación clínica que participan en varias fases del trabajo con pacientes. En esos contextos surge a menudo la pregunta de en qué se distingue el trabajo del pastor del de todos los demás miembros del equipo. Hay ciertas actividades como dirigir los servicios religiosos, administrar los sacramentos, organizar grupos de estudio religioso y actuar como nexo entre la institución y la iglesia de origen del paciente, que obviamente son responsabilidades suyas. Sin embargo, ¿cuál es la ciencia básica o aplicada, o el arte que el capellán aporta en relación con el diagnóstico o los procesos terapéuticos en estas instituciones? Por lo que he podido constatar en mi propia experiencia y en vista de algunos estudios publicados al respecto,[18] el papel de los capellanes se interpreta de las maneras más fantásticas tanto a favor como en contra. Esto se debe a que ellos mismos parecen querer soslayar el asunto. La mayoría de ellos no son capaces de explicar la cuestión de un modo decisivo en términos claros y ponderados. Parecen conformarse con que o bien descanse esta cuestión en actitudes de buena voluntad del resto del personal, o bien, por extraño que parezca, se les considere terapeutas competentes con aptitudes personales que les otorgan un lugar relevante dentro de su trasfondo profesional, pero sin ninguna característica distintiva. Sin cuestionar en lo más mínimo el papel de los capellanes con formación clínica en las instituciones psiquiátricas ni las diferentes funciones específicas que requieren cualidades pastorales y teológicas, quiero centrarme ahora en aquellas funciones menos definidas que otros miembros del equipo llamarían «psiquiátricas», en el área de la diagnosis, el tratamiento o la prevención.

La diagnosis pastoral

Esta cuestión de la competencia concreta del pastor no se plantea tan intensamente en las clínicas u hospitales, aunque por una razón errónea. La jerga y los arraigados hábitos de estas instituciones permiten el establecimiento de una clara distinción entre cuerpo y mente (esta brumosa entidad llamada «espíritu») que durante siglos ha sido clave para crear una división práctica del trabajo entre las principales disciplinas. «Allí donde el médico abandona o ha de admitir su fracaso es precisamente donde comienza la tarea del sacerdote o el pastor». No es que yo apruebe por completo el contenido de esta frase; solo quiero señalar que su lógica está muy arraigada. Se han escrito innumerables libros acerca de la mente, el cuerpo, el alma y el espíritu que dejan intactas estas divisiones un tanto simplistas con sus impecables vallados delimitando claramente cada parcela. Hasta el modo en que se les habla a los pacientes contribuye al reconocimiento y mantenimiento de estos contornos. Tal actitud se expresa más o menos en estos términos: «Por supuesto, en estas instituciones el pastor no participa en el diagnóstico y tratamiento de los pacientes, porque son cosas pertenecientes a los ámbitos en los que solo la medicina tiene acceso. Todo lo que hace el pastor pertenece a las otras dimensiones del paciente».

¿Pero cuáles son estas dimensiones extramédicas o extrapsiquiátricas? ¿En qué perspectiva especial pueden entenderse? ¿Qué clase de terminología guarda relación con esta perspectiva? ¿Quiénes son los responsables de definir, describir y conceptualizar esta perspectiva? A fin de responder estas preguntas hemos de oír lo que dicen los pacientes. Para expresar en pocas palabras mi posición al respecto: creo que las personas que acuden a un pastor para que les ayude a hacer frente a sus problemas lo hacen por razones muy profundas: desean verse a sí mismos en una perspectiva teológica.

4

¿Por qué acuden las personas a los pastores?

En las páginas anteriores nos hemos centrado en el carácter específico de la profesión del pastor en el contexto de la diversidad teórica. Hemos observado las interacciones prácticas entre la teología y la psicología. La persona que necesita ayuda, el paciente, el cliente, el alma apesadumbrada, se situaba en un discreto segundo plano desde el que era objeto de referencias indirectas. Ahora hemos de prestarle nuestra atención más completa.

¿Por qué tantas personas necesitadas de ayuda acuden primero a sus pastores? Las respuestas que se han dado a esta pregunta son bastante diversas. En las zonas rurales, los pastores son a menudo la única fuente de ayuda accesible. En estas áreas se ven obligados a desempeñar muchos papeles que en las zonas urbanas están repartidos de un modo distinto. En aquellos casos en que el principal problema no es la escasez de recursos, se han propuesto consideraciones de tipo económico como respuesta a nuestra pregunta. Los pastores, y las iglesias en las que desarrollan su labor, suelen prestar sus servicios gratuitamente o a bajo coste, al menos en las primeras etapas en que imparten su ayuda. Por otra parte, en aquellas zonas en que se puede acceder a otros servicios, se confía en los pastores como agentes para discernir casos y en su momento remitir a uno u otro especialista. Se da gran valor a su consejo cuando la pregunta es: «¿Dónde puedo encontrar ayuda?» Este es precisamente el papel que hace que otros profesionales consideren a los pastores, acertadamente o no, como trabajadores sociales y de la salud mental, y como asesores jurídicos. Es decir, en muchos sentidos son consejeros y orientadores de primera instancia. En ocasiones ayudan a encontrar alojamiento a los sin techo y una vivienda a los que van de acá para allá, y en este sentido son también auténticos agentes inmobiliarios de primera línea.

Todas estas respuestas tienen un aspecto tan válido y verosímil que uno casi no se atreve a insistir en la existencia de razones más profundas. Sin embargo, si las analizamos de cerca, todas estas razones dejan en mal lugar a los que buscan ayuda. Reducen sus motivos para acudir al pastor a una serie de variables circunstanciales. Proponen que estas personas se sienten de algún modo atrapadas y no les queda otro recurso que probar «qué tal le va» con los consejos del pastor. Por su verosimilitud, tales respuestas eliminan cualquier razón más profunda por la que una persona pueda acercarse al pastor en busca de ayuda. No obstante, se podría afirmar que la situación de opción pastoral que acabo de describir, implica ya cierta libertad de elección por parte de la persona que busca ayuda. Si puede acceder a otros recursos, si conoce su existencia y no hay ningún condicionante decisivo de orden económico, ¿por qué entonces algunas personas siguen buscando primeramente el consejo pastoral incluso cuando se trata de ser remitidos a un especialista? ¿No puede ser que confíen en su capacidad de juicio, su competencia, su confidencialidad, o en su marco de referencia más que en el de ningún otro profesional? ¿No estarán acaso diciendo al acudir en primer lugar al pastor que desean situar sus problemas en una perspectiva pastoral? Aun reconociendo que la respuesta pastoral que buscan es solo un primer paso o tiene un carácter provisional, ¿acaso no están situándose estas personas de manera voluntaria dentro de un determinado sistema de valores y de la atmósfera de una tradición y comunión que consideran relevantes?

A todas estas preguntas respondo con un categórico ¡sí! Es cierto: todos los pastores saben que sus feligreses pueden ocasionalmente buscar ayuda de un modo superficial y que, bajo la presión del trabajo, su propia respuesta inicial puede ser en ocasiones un tanto superflua. Las personas con problemas saben normalmente que sus dificultades tienen muchos aspectos y que su situación puede enfocarse desde distintos puntos de vista. Al acudir a un pastor están diciéndonos algo: quieren saber cuál es su punto de vista y quieren saberlo en primer lugar. Desean conocerlo con urgencia o no se hubieran molestado en acudir. Quizá planteen el asunto con cierta torpeza porque están

¿Por qué acuden las personas a los pastores?

bajo los efectos de la tensión. Puede que quieran confesarse, abrirse, descubrir un secreto, compartir una angustia, recibir consuelo, ser rescatados de la desesperación, que se les llame la atención, que se les haga responsables de algo, que se les corrija por actitudes que intuyen incorrectas o que se les frene en sus intenciones. Puede que deseen que se les bendiga, anime, corrija o incluso que se les reprenda. La mente del ser humano es compleja y su corazón lo es infinitamente más. Puede darse por seguro que, antes de acudir al pastor la persona habrá ya intentado evaluar de algún modo su problema, igual que antes de ir al médico se habría tomado una aspirina. Los motivos y acciones de la persona que busca ayuda nunca deben tomarse a la ligera.

Por ello, planteemos de nuevo la pregunta eludiendo ahora las respuestas rápidas y simplistas. ¿Por qué acuden tantas personas primero a sus pastores en busca de ayuda? Alguien llama a su pastor y le dice: «Sí, ya sé que en el pueblo hay varios psiquiatras, un centro de atención para la familia y varias oficinas de servicios sociales. Dicen también que el centro de orientación matrimonial es muy bueno; de hecho, mi hijo está asistiendo a algunas de sus actividades, pero me gustaría hablar las cosas primero con usted». Aquí tenemos una decidida búsqueda de ayuda pastoral, una deliberada selección por propia iniciativa de la persona que tiene el problema. Se han ofrecido varias razones para explicar este proceder.[19]

Una de ellas es que algunas personas que se mueven dentro de grupos religiosos cerrados o sectarios acuden a su sacerdote o pastor para explorar con él la posibilidad de recibir ayuda, de un modo seguro, por parte de algún especialista de su propio grupo, denominación o secta, o fuera de él si es necesario. Convierten a su pastor en un recomendador de especialistas por razones que ellos vinculan explícitamente con su fe. Ya sea por convicción o por temor, lo que buscan es seguridad: alguna garantía de que el pastor en cuestión respeta su religión, entiende sus demandas o ritos, y no jugará con su fe o sus valores.

Algunas personas se han acercado con esta actitud incluso a mí como psicólogo, y algunos han llegado a reclamar una atención especial, solicitando que diera prioridad a su caso por una cuestión de identidad denominacional. Para mí, esta tendencia plantea en sí misma un fascinante problema de diagnóstico.

Ante tal demanda, normalmente procedo con una breve intervención de crisis en la que trato la presente incapacidad del paciente para hacer un uso flexible de los recursos que tiene en su comunidad o, dependiendo del caso, considero con él la presunción o las ilusorias expectativas implícitas en su petición. ¿Por qué se está confinando dentro del reducido círculo denominacional? ¿De qué tiene tanto miedo? ¿Necesita realmente tratamiento? ¿Cree realmente tal persona que es muy especial? Estas son las preguntas que se hace un psicólogo consciente de los usos y abusos de la religión.

Aunque puede que los pastores quieran responder a tales acercamientos de distintas formas, lo que quiero decir es que tales clientes buscan, entre otras cosas, un consejo de tipo religioso. Sus creencias les llevan al despacho de su pastor. Quieren que sus problemas sean evaluados y tratados dentro de un determinado marco de referencia. Quieren que sea su tradición la que les hable, quieren analizarse en términos que les sean familiares; quieren que sea la luz de su propia fe la que clarifique su situación. Al margen de cualquier otra cosa que puedan esperar de su pastor o de su iglesia, quieren que el proceso de resolución de su problema tenga una orientación denominacional y, si es necesario, quieren tener el permiso de la iglesia para salir temporalmente de sus canales. Si bien es posible que la persona en cuestión tenga una concepción de su fe un tanto limitada y que formule su pregunta con torpeza, está de hecho planteando una pregunta de orden teológico y lo está haciendo en el lugar adecuado. ¡Cuán descorazonador, por tanto, que su pastor traslade rápidamente su búsqueda a categorías psicológicas o sociales sin darle la respuesta teológica que está demandando! ¡O que desaproveche la oportunidad de llevar a cabo alguna reeducación religiosa que ayude a su aconsejado a plantear mejores preguntas teológicas!

Otra respuesta a nuestra pregunta es que muchas personas no saben realmente lo que esperan de su pastor cuando se dirigen a él en busca ayuda. Le consideran una persona dispuesta a ayudar en cualquier ámbito, alguien a quien su fe y celo evangélico le llevan a poner su preciso tiempo a disposición de cualquier alma sincera. Uno acude a él con un problema de alcoholismo; otro acaba de maltratar físicamente a su esposa y ahora se siente avergonzado; un tercero ha vivido por mucho tiempo con problemas conyugales y ahora se plantea el divorcio. De modo que se inicia un proceso de aconsejamiento, centrado en un problema de adicción, agresión o separación. Se expresan algunos sentimientos, se clarifican algunas cosas, se apela a lo mejor del cliente y se vislumbra algún rayo de luz al final del túnel.

¿Por qué acuden las personas a los pastores?

Dependiendo de cuáles sean el estilo y la persuasión del pastor, puede que se produzca una animada interacción terapéutica con un apoyo muy activo por parte del consejero, o puede que haya un minucioso y paciente escrutinio de las distintas actitudes del aconsejado hacia el consejero. Quizá se utilicen de manera intencionada algunos fenómenos de transferencia y un diligente análisis de sus orígenes. Si se produce esto último, el pastor descubrirá algunas de las razones conscientes e inconscientes por las que su feligrés ha buscado ayuda en él. Quizás tenía algún motivo teológico para contactar con un pastor y buscar el apoyo de una iglesia para sus intentos de resolver el problema. Quizás creía de algún modo que ponerse de acuerdo con su pastor era algo parecido a ponerse de acuerdo con Dios. Puede que creyera que los sentimientos de culpabilidad tienen un elemento de pecaminosidad.

Sin embargo, también puede suceder que la técnica de aconsejamiento del pastor se centre en la interacción entre los cónyuges o en el problema de la baja autoestima del alcohólico y su incapacidad de expresar su ira en términos honestos, sin la más mínima alusión de orden teológico al maltrato físico del cónyuge, a la autoaversión, o a los sentimientos de ira. Puede que en un principio no estemos de acuerdo con esta extraña frase: solíamos pensar que beber alcohol era algo pecaminoso pero acabamos de descubrir que es una enfermedad, y creemos que maltratar físicamente a la esposa es una anomalía en el control de nuestros impulsos, o alguna forma de sadismo.

Lo que quiero decir es que el modo en que definamos cualquiera de estas cosas depende del marco de referencia en que las situemos, de la luz en que las consideremos o del grado de importancia que le atribuyamos. Nada *llega a ser* algo en concreto hasta que aparece en un marco de referencia que le confiere un nombre, que lo describe, y que inicia una serie de operaciones mentales. Esta es la tarea de cualquier disciplina, la prerrogativa de cualquier ciencia o arte. Un pastor se convierte ipso facto en un teólogo con el derecho, mejor dicho, el deber, de situar cualquier cosa que desee en una perspectiva teológica. Puede también utilizar otras perspectivas, si le son útiles en su profesión, o si tiene curiosidad por ampliar su comprensión. Sin embargo, los maltratos físicos a la esposa no representan un problema menos teológico que psicológico, sociológico o criminológico. Por lo que sabemos, podría hasta ser una cuestión endocrinológica. Lo que «es» depende de la óptica desde la que se considere.

La diagnosis pastoral

¿Pero qué relevancia tienen estas consideraciones de orden teórico para la persona que se dirige a su pastor en busca de ayuda? Mi respuesta procede de la experiencia que me dio la supervisión y asesoramiento de algunos casos conducidos por candidatos de pastoral clínica, y también de mi propia percepción de la complejidad de los problemas humanos. Estoy convencido de que muchas de las personas que se dirigen a su pastor en busca de ayuda para resolver algún problema de carácter personal desean que se les ayude para poder llevar a cabo alguna forma de autoevaluación religiosa o moral. Quieren ver la aplicación de algunos criterios de su fe en su propia vida. Puede que no lo expresen de un modo abierto, por el temor de parecer unos santurrones. Puede que no se atrevan a expresar sus anhelos de una evaluación espiritual tras descubrir que su pastor parece estar en una longitud de onda diferente. Puede que no sepan cómo dar expresión a su deseo, en espera de que sea su pastor quien dé el primer paso en esa dirección, sugiriendo las palabras pertinentes o haciendo las alusiones oportunas. Puede que algunos quieran sencillamente orar, o ser bendecidos por su pastor, si éste estuviera dispuesto a ello. Puede que otros deseen que se les confronte decisivamente con sus errores o deslealtades, o aunque solo se trate de temores, fantasías, sentimientos ambivalentes o de la constatación de una realidad, todo ello cargado con una doble serie de valores numinosos: los inherentes a la religión y a lo trascendente, y los resultantes de la forma en que el niño experimenta en su primera infancia el poder y grandeza de los padres. Los pastores son figuras de transferencia por excelencia, no necesariamente por lo que son como personas sino por las proyecciones de quienes buscan su consejo.

Creo que estas consideraciones tienen una gran relevancia cuando se trata de enviar a sus feligreses a algún profesional de otro campo. Si un pastor se considera una especie de gestor informador de los distintos recursos de ayuda de su comunidad y, por tanto, se dedica mayormente a remitir a sus feligreses a otros profesionales, debería intentar discernir si quienes procuran su ayuda le ven realmente como un mero gestor informador. ¿Buscaba el feligrés un patrón conjunto de ayuda, a saber, consejo o cuidado pastoral además de la atención médica, legal, o psiquiátrica a la que ahora ha sido enviado? En cualquier caso, hay que someter a un minucioso escrutinio los motivos para remitir a sus feligreses. Especialmente cuando se trata de enviarlos a un psiquiatra, el criterio por el que se guían los pastores

¿Por qué acuden las personas a los pastores?

suele ser *la seriedad* del problema de su aconsejado. Esto confiere a su vez un carácter casi cuantitativo a la distinción entre «aconsejado» y «paciente», una diferenciación semejante a la que en el pasado se ha establecido entre «aconsejamiento» y «terapia». Con esta concepción de su práctica, los pastores trabajan con los problemas «suaves» o «moderados», dejando los «severos» a las disciplinas psicológicas.

Aunque este puede ser un modo rápido y práctico de dividir su trabajo, se basa en un razonamiento inconsistente. Estas distinciones entre casos suaves y severos son de orden psicológico, no teológico. Al aplicarlas, el pastor lleva a cabo una valoración psiquiátrica vicaria, un boceto a grandes rasgos de un diagnóstico psiquiátrico provisional. Asume también de manera implícita que nadie puede ser aconsejado y paciente a la vez, que como pastor no puede participar al mismo tiempo en una relación pastoral y de atención psiquiátrica. De este modo, se obliga a la persona a considerarse desde una sola perspectiva a la vez, en lugar de hacerlo desde un punto de vista multidisciplinar. Esto puede ser provechoso en algunos casos, pero no debe ser elevado a la categoría de dogma.

Quiero subrayar de nuevo que el dolor y el sufrimiento son siempre experiencias complejas y multidimensionales, cuya comprensión y resolución requieren con frecuencia la interacción simultánea de varias disciplinas. Es igualmente importante para nuestro interés en el diagnóstico pastoral el hecho de que cuando un pastor remite a su feligrés a otro profesional lo hace probablemente por una peculiar premisa, a saber, que las ideas teológicas se vuelven inoperantes ante la agitación mental severa. Esto a su vez promueve el mito de que el sano y el enfermo son dos especies de ser humano completamente distintas entre sí. Si algo hemos aprendido de la psiquiatría es que hay que subrayar más bien la continuidad dinámica que existe entre hombre y hombre, y la igualdad esencial del inconsciente de todo ser humano.

Mientras tanto, puede que nuestro pobre cliente haya sido efectivamente desviado de su intención original de aplicar una perspectiva teológica a su situación con ayuda de un experto pastor. Si bien considera que su pastor le ha sido útil enviándole a otro profesional que sin duda le ha aportado beneficios muy reales, puede ser también que se sienta desilusionado por su forma de proceder. De hecho, el pastor ha tomado a la ligera la seria evaluación espiritual de su alma que la persona esperaba llevar a cabo con su ayuda. El pastor le ha vendido un producto secular cuando el feligrés esperaba obtener uno sagrado. Por ello, este último está desconcertado. ¿Por qué su pastor no procedió con los símbolos de su fe? ¿Por qué no intentó llegar a un diagnóstico pastoral, es decir, teológico? ¿Por qué no se tomó lo bastante en serio su situación como para evaluarle concienzudamente en su angustia, dentro de la perspectiva que él asumía como natural cuando se dirigió a su pastor?

Sigamos ahora a la persona con el problema a su próxima situación posible. Se ha convertido en un paciente, de hecho, ahora está en un hospital psiquiátrico. Es un buen lugar en todos los sentidos: con una elevada proporción de personal por paciente, sin duda el tratamiento que se le administra es individualizado; el personal es concienzudamente multidisciplinar y comprometido con el trabajo de equipo. El espíritu es a la vez humanitario y científico. Los propios pacientes son parte activa de la gestión de su entorno. El hospital tiene un capellán competente y bien formado que disfruta de su trabajo y que cuenta por igual con el respeto del personal y de los pacientes. En esta situación, puede que el paciente busque de nuevo ayuda pastoral dirigiéndose al capellán.

¿De qué cuestiones hablarán y bajo qué perspectiva procederán el uno con el otro? Es muy probable que el capellán ya sepa mucho respecto a los «conflictos esenciales» del paciente puesto que participa periódicamente de las sesiones interdisciplinares. También ha tenido al menos una entrevista privada con él, y ha compartido sus impresiones con el equipo de diagnóstico: había encontrado al paciente «deprimido», o «extraordinariamente susceptible». Puesto que es un profesional perspicaz, habrá incluso observado que el paciente, bajo la influencia de su madre (piadosa pero autoritaria) y de su padre (débil, poco comunicativo e hijo de pastor) se sentía incómodo en su presencia puesto que considera hipócritas a todas las personas religiosas. Sí, puede que lo mejor sea enfocar todas las charlas, actitudes y actividades del paciente desde el punto de vista de sus relaciones con figuras maternales.

Esta es, por supuesto, una situación ficticia, pero creo que sus rasgos esenciales son bastante corrientes. El capellán, por así decirlo, se fusiona con el equipo psiquiátrico del que es miembro. Sus observaciones se añaden a las de otros especialistas y todos ellos concluyen en una narrativa de evaluación de la que emerge un resumen de diagnóstico. A la narrativa en cuestión han contribuido toda clase de personas: trabajadores sociales, enfermeras, internistas, capellanes y otras. Sin embargo, el resumen final es psiquiátrico en sus conceptos, terminología y punto de vista. Y es defendible que sea así puesto que, a fin de cuentas, se trata de un hospital psiquiátrico. Por suerte, la psiquiatría es una perspectiva amplia y holística que engloba muchos datos. Entretanto, los integrantes del equipo que no son psiquiatras han ido adaptando en mayor o menor medida sus propios puntos de vista a la perspectiva psiquiátrica. Algunos no han hecho ninguna adaptación en absoluto: el internista, de manera casi desafiante, ha utilizado su propio lenguaje y los símbolos esotéricos de sus informes del laboratorio. Por suerte, el punto de vista y el lenguaje son tan cercanos a los de la psiquiatría que prácticamente no representan ningún problema. Sin embargo, el trabajador social que se entrevistó con la familia, cuando informa de sus observaciones lo hace mayormente en términos psiquiátricos y puede que hasta las entrevistas mismas se orientaran del mismo modo. En sus conclusiones hay muy poca sociología, a excepción de algunas frases respecto al nivel de sus ingresos y clase social. La buena de la enfermera, siempre con los pies en el suelo, utiliza un lenguaje claro y sencillo. La aportación del capellán es toda una proeza de adaptación. Aun cuando podría haberse centrado en las relaciones eclesiales del paciente o en su participación en los ritos —del mismo modo que el trabajador social hubiera podido tratar sus relaciones familiares o de trabajo—, el pastor toma únicamente «su» parcela de la vida del paciente, pero la analiza con un enfoque psiquiátrico. En esta evaluación interdisciplinar, se ha dividido al paciente en pedazos de comportamiento, o se le ha considerado como un actor que se mueve en distintas situaciones, y cada uno de los expertos trata con una de ellas. En esencia, este es un acercamiento en el que las disciplinas no desarrollan su labor en función de lo que son, y no trabajan con reciprocidad.

Expongo estos procedimientos casi con tristeza, sin ninguna satisfacción al respecto. Uno de mis objetivos es mostrar la fuerza de la tendencia hacia las componendas. Otro es demostrar que esta tendencia se distribuye de manera desigual entre las profesiones cooperantes, y que falta poco para que algunas disciplinas pierdan por completo su especificidad. Por alguna razón, ciertas profesiones se mantienen más cerca de su ciencia básica que otras. Sin embargo, mi meta principal es mostrar que incluso en situaciones de la mayor buena voluntad y competencia profesional, las cosas no van bien para la identidad de los pastores ni para la relación entre las disciplinas teológicas y psicológicas.

Consideremos ahora este problema desde el punto de vista del paciente. ¿Qué posibilidad tiene él, si así lo desea, de analizar concienzudamente su problema desde un punto de vista teológico con la ayuda de un experto bien formado en este tipo de análisis? En un estudio respecto al papel del capellán en un hospital psiquiátrico, un paciente expresó su deseo de que participara en actividades de tiempo libre en grupo, lo cual significa dirigir «sesiones informales» en las que pudieran plantearse cuestiones religiosas. Otros querían que hiciera «visitas de tipo amistoso a las personas hospitalizadas», «que fuera un amigo», «un individuo comprensivo» y «que ore por nosotros».[20]

¿Quién puede distinguir en esta última afirmación el sarcasmo del anhelo sincero? ¿Y quien puede denigrar los sencillos deseos de tener «un amigo» cuando sabemos que miles de personas encuentran una sagrada profundidad en un adolescente obeso, rico e inexpresivo de la India, a quien se venera más allá de cualquier mérito demostrado? Hay razones para pensar que algunos pastores realmente no saben lo que desean encontrar quienes buscan su ayuda. Dado que los pastores silencian sus puntos de vista teológicos, o no saben cómo aplicarlos a determinadas situaciones personales, los esfuerzos de sus aconsejados para acercarse a sus problemas con un enfoque teológico se ven frustrados.

Pero hay algunos datos bastante prometedores. Algunos capellanes que desarrollan su labor en hospitales intentan entrevistarse con los pacientes a fin de descubrir sus valores religiosos o morales y conocer sus convicciones más profundas. Han tomado nota de algunas experiencias del pasado y durante sus entrevistas no utilizan listas de virtudes y vicios, no les echan en cara sus pecados, ni les sermonean. Por otra parte, tampoco les imponen prohibiciones ni les asignan actos de penitencia. Podrían hacerlo, por supuesto, si consideraran seriamente que estas cosas fueran necesarias. De hecho, sé del caso de un hospital psiquiátrico en el que un paciente solicitó insistentemente que los hermanos de su comunión le administraran el rito del lavamiento de los pies.[21] Cuando el capellán del hospital hubo vencido la resistencia del personal ante tan extraña demanda e hizo los preparativos para este rito, todos estuvieron de acuerdo en que este acontecimiento supuso un momento decisivo para la recuperación del paciente.

Pero a los pastores y capellanes que desean proyectar su teología en su tarea pastoral, y dejar clara su identidad profesional, les es muy difícil encontrar las categorías teológicas apropiadas para acercarse a sus pacientes y responder a sus necesidades. Esta dificultad se agudiza especialmente cuando se trata del diagnóstico, es decir, de valorar con un discernimiento pastoral y teológico los problemas de la persona. Parece comparativamente más fácil pasar directamente a la realización de actos, obras, o ritos de naturaleza pastoral. Estas cosas han llegado a tener suficiente entidad en sí mismas como para producir en el pastor el sentimiento de que, cuando las lleva a cabo, está haciendo algo realmente valioso e importante. No sucede lo mismo con el diagnóstico pastoral. Tiene muy pocos precedentes en la literatura; es una materia que no se enseña en los seminarios, y los pocos ejemplos que registra la historia no gozan de muy buena reputación.

Existe aún otro aspecto respecto a las expectativas de las personas que acuden a sus pastores en busca de ayuda. La clientela de las distintas profesiones de ayuda está comenzando a reivindicar ciertos derechos: el derecho a que se les presten unos servicios adecuados y a recibir tratamiento médico, el derecho a la hospitalización sin perjuicio de sus derechos civiles, el derecho de acceso a los registros del diagnóstico y del tratamiento, etc. Para lo que nos ocupa, lo que nos dicen todas estas reivindicaciones es que la persona que tiene problemas, sea cual sea el contexto en que está buscando la ayuda, siente que tiene el derecho a que se le tome en serio.

Si está buscando ayuda en un contexto médico, asume el papel de paciente. Indudablemente, espera que se le diagnostique, y exigirá que las investigaciones para tal diagnóstico sean concienzudas. Si más adelante su estado empeora, y si a posteriori tiene razones para dudar respecto a la rigurosidad del diagnóstico, puede que se plantee la posibilidad de denunciar a su médico por negligencia. En nuestros días, el diagnóstico médico debe hacerse con mucho rigor, o de lo contrario los médicos se arriesgan a que se tomen medidas de orden social y legal contra su integridad profesional (¡y patrimonial!). Los usuarios de la Seguridad Social y quienes solicitan los servicios de sus distintos agentes se han organizado para exigir que se les presten con prontitud los servicios y ayudas económicas que legítimamente les corresponden. Más allá de la ayuda tangible que solicitan, lo que buscan estas personas es en primer lugar algo intangible: el mantenimiento de su dignidad humana.

La diagnosis pastoral

Podemos extraer una enseñanza clave de las reivindicaciones de estos movimientos sociales para los derechos civiles: las personas que solicitan asistencia de distintas profesiones sienten que debe dárseles un papel digno y participativo en el esclarecimiento de la naturaleza de sus problemas y en la toma de decisiones para aliviarlos. Los estilos autoritarios o paternalistas en la administración de la ayuda están llegando a su fin, y muchos hábitos y rituales profundamente arraigados en las profesiones están siendo sometidos a un cuidadoso escrutinio. Todos estos movimientos tienen una honda relevancia por lo que respecta al diagnóstico.

Por ejemplo, en psiquiatría existen serios recelos respecto a cierto tipo de diagnóstico que es poco más que un intento de clasificar a las personas mediante etiquetas procedentes de algún manual. Los propios psiquiatras[22] han levantado su voz contra tales diagnósticos, en especial Karl Menninger. Se han propuesto acercamientos radicalmente nuevos en los que los diagnósticos se convierten esencialmente en una formulación concisa del problema, redactada de tal modo que de ella surjan pautas lógicas para una intervención terapéutica. La obra *The Vital Balance*[23] (El Equilibrio Vital), que Menninger y yo escribimos juntos, estableció también el fundamento para el paso siguiente en el diagnóstico psiquiátrico que, en mi opinión, consiste en permitir que el paciente sea el principal protagonista en el proceso de diagnosis. Lo que quiero decir es que lo ideal sería que se capacitara a los pacientes para que llevaran a cabo un autodiagnóstico. La atención humanitaria de las personas con problemas demanda que se les tenga el mayor de los respetos. Esto significa, entre otras cosas, que no debe escatimarse ningún esfuerzo para tratar de averiguar —junto con ellas y por medio de su activa participación en una relación personal con algún asistente o experto— cuál es la naturaleza de su problema y qué se puede hacer al respecto. El paciente tiene derecho a conocer su estado con la mayor claridad posible y a ser parte activa en la valoración de su propio problema. Si alguien se siente atrapado, debería dársele la oportunidad de saber en qué trampas ha caído.

Dicho de un modo más radical, estas revisiones del proceso de diagnóstico sitúan al diagnosticador, sea cual sea su profesión, en el papel de consejero especialmente competente en una rama específica del conocimiento. Según una antigua definición, los letrados y abogados son «consejeros de derecho», un título que describe bellamente la clase de papel que han de desempeñar los abogados. Por analogía,

¿Por qué acuden las personas a los pastores?

los médicos podrían ser «consejeros en medicina» y los pastores, «consejeros en religión, teología, o 'vida cristiana'». Lo expreso de este modo a fin de contrastar las actitudes de diagnóstico que estoy defendiendo con otras más tradicionales y que han constituido una tentación para los profesionales (jueces, médicos, trabajadores sociales, clérigos, psiquiatras, etc.). Me refiero al impulso por dominar a sus semejantes atrapándoles en sus redes burocráticas. Las críticas de las antiguas formas de diagnóstico deberían llevar a otras mejores, no al ingenuo negativismo de las posiciones antidiagnóstico.

Creo que el primer deber de cualquier profesional es entender con claridad la naturaleza de los problemas que se le plantean a fin de poder orientar sus posteriores intervenciones. Este es un primer deber para con su cliente o paciente, así como para con la ciencia que profesa. Si no cumple con este deber, diga lo que diga, no es más que un charlatán, aunque pueda ser muy «buena persona». O es solo una variante de los antiguos vendedores de panaceas que en los mercados cantaban las excelencias de sus pequeños frascos de líquido milagroso que curaba las «setenta y ocho enfermedades conocidas».

En cualquier profesión de ayuda, el diagnóstico es el proceso exploratorio en el que se brinda a la persona angustiada la oportunidad de evaluarse a sí misma desde una perspectiva concreta; es un proceso en el que se hacen ciertas observaciones y se sacan a la luz ciertos datos con la ayuda de herramientas conceptuales u operativas, y todo ello en el marco de la relación personal con un profesional. Este es un paso previo a cualquier decisión respecto al curso de acción que las partes han de tomar conjuntamente. Cada perspectiva es única y tiene su propia integridad, si bien todas ellas pueden enfocar a un mismo fragmento de observación o de experiencia. Sea cual sea nuestra definición de la perspectiva del psiquiatra, no es y no puede ser la misma que la del dentista, el sociólogo o el pastor. Y por ello, sea cual sea el diagnóstico psiquiátrico, no es y no puede ser, por más buena voluntad o espíritu de cooperación que exista, el mismo que el diagnóstico odontológico, el sociológico o el pastoral. Ni siquiera las ambiciones holísticas más explícitas, que sin duda están presentes en la psiquiatría moderna y que han sido siempre inherentes a la teología, pueden hacer que los diagnósticos psiquiátrico y teológico sean idénticos. El hecho de compartir un amplio espacio no hace que ambas disciplinas sean exactamente las mismas.

La diagnosis pastoral

Nuestra preocupación es la autenticidad de la tarea de diagnóstico pastoral. La multitud de razones por las que las personas con problemas se dirigen a sus pastores en busca de ayuda pone de relieve la importancia de tal autenticidad. Hubo un tiempo en que, personalmente, me autoeximía de cualquier obligación para con la autenticidad del diagnóstico pastoral. Para ello me convencía de que, al ser yo psicólogo, ese no era asunto mío. Sin embargo, fui lo suficientemente atrevido como para pedir a algunos pastores que reflexionaran al respecto y remediaran el problema. Ahora siento que yo mismo puedo intentar hacer algunas aportaciones en calidad de consultor, aunque mi identidad profesional sea distinta. Esto se debe a mi percepción de que, en el marco del deseable fondo común interdisciplinar de recursos entre las profesiones de ayuda, la especificidad de cada una de las disciplinas es un activo muy valioso. En ocasiones, la psiquiatría no ha tenido el debido respeto hacia el carácter único de la aportación pastoral que aceptó cuando los capellanes se convirtieron en miembros del mismo equipo de colaboradores. Y, a su vez, algunas personas no han recibido el respeto que merecen cuando de manera selectiva y deliberada se han dirigido a su pastor en busca de ayuda, y solo han encontrado un poco de consejo psicológico, por más que haya podido ser muy bueno, sólido y oportuno.

5

Directrices para el diagnóstico pastoral

Tal vez pueda ayudar a los pastores proponiendo algunos pensamientos constructivos respecto a los conceptos que pueden servir de orientación para las entrevistas de diagnóstico pastoral. Algunos pastores de iglesias locales y capellanes de diferentes instituciones con quienes he colaborado ya han puesto a prueba parte de esos conceptos. Por supuesto, personalmente nunca he llevado a cabo una entrevista pastoral. Sin embargo, he estado siempre interesado en las ideas religiosas de mis pacientes, en sus sistemas de creencias y en la orientación de sus valores[24] (no como datos aislados sino como factores que tienen un lugar en su experiencia e interactúan con sus percepciones y acciones). Tal información es importante por lo que nos permite afirmar de los pacientes respecto a su naturaleza como personas y sus conflictos. Mi trabajo en la psicología de la religión es tanto una expresión como un estímulo a este interés en el diagnóstico. Y puesto que considero que la ciencia es una actividad muy lúdica, permítaseme jugar con algunas ideas con la esperanza de que, si así lo desea, también usted pueda unirse al juego, y finalmente mejorarlo.

Para plantear el escenario de un modo realista, quiero decir que uno de mis amigos, con quien mantengo una fluida relación epistolar y que es profesor de teología pastoral en una universidad europea, está por completo en contra de la idea de un diagnóstico pastoral. Objeta a mi artículo acerca de este tema diciendo: «Nosotros —los pastores—

La diagnosis pastoral

proclamamos la palabra»; el pastor «intenta ver a las personas con los ojos de Cristo, como seres que están de camino al reino, a fin de valorar lo lejos que están de él»; «intentamos representar la gracia y el perdón de Dios por medio de un encuentro y un testimonio existenciales», y «establecemos a la persona en una comunidad de fe». No veo nada inaceptable en esta definición de la tarea pastoral, aunque la considero bastante parcial; sin embargo, no aprecio nada activamente contrario a la idea de una evaluación pastoral, es decir, de un diagnóstico pastoral. De hecho, valorar lo lejos que alguien está del reino requiere cierta perspicacia y una atenta escucha de los intentos de autoevaluación por parte del feligrés. Por otra parte, proclamar la palabra requiere también cierta percepción de la capacidad de la audiencia para escuchar; relacionarse con personas presupone un reconocimiento respetuoso del otro, satisfacer su integridad y tomarse un interés genuino en su estado.

Al ponderar una serie de variables de diagnóstico para la evaluación pastoral, he intentado contenerme teniendo presentes algunas advertencias. Los principios organizadores no han de ser deliberada y exclusivamente psicológicos, médicos, psiquiátricos, o sociológicos. Deberían escogerse de modo que fueran fácilmente reconocibles para los teólogos (tanto para los que trabajan en el campo de la teología sistemática, como para los que lo hacen en el de la bíblica, histórica, práctica o pastoral, y al margen de cuáles puedan ser sus sutiles diferencias y sus tradiciones históricas). Deberían elaborar diferenciaciones empíricas, tanto para quien imparte la ayuda como para quien la recibe. Deberían prestarse a la realización de entrevistas. También deberían desarrollar niveles de organización conscientes e inconscientes allí donde sea posible, y poseer una adecuada riqueza, diversidad y aptitud fenomenológicas para captar las idiosincrasias personales. Deberían presentar una imagen de la persona, aunque solo sea un esbozo o fragmento revelador, a partir del cual pueda desarrollarse la estrategia para la intervención pastoral, ya que esta es la meta evidente y la justificación básica de cualquier diagnóstico.

Una de las primeras dimensiones de la experiencia que me gustaría evaluar es *la conciencia de lo santo*. ¿Existe alguna cosa sagrada para el sujeto a tratar? Y, en caso afirmativo, ¿qué es? ¿Qué es lo que venera? ¿Hay alguna cosa que considere intocable o inescrutable? ¿Sabe lo que es un sentimiento de reverencia? Reconozco que estos términos proceden de Schleiermacher[25] y Otto[26]. Los he introducido aquí por una buena razón: ambos estaban interesados en las categorías empíricas y muy en sintonía con las experiencias humanas directas. Ambos eran fenomenólogos que se interesaban en determinar y describir con un bajo nivel de abstracción lo que consideraban datos teológicos esenciales. Por otra parte, estaban interesados en los sentimientos relacionados con la experiencia de lo santo y no solo en una corrección de los pensamientos. Buscando un estrato primordial de experiencia, llegaron hasta la calidad más pura de estos sentimientos. Tenían un don para moverse libremente entre niveles de abstracción bajos y elevados, que es exactamente lo que cualquier profesional debe hacer cuando se mueve entre su conocimiento y las situaciones concretas de su práctica.

El pastor no comenzará preguntando a su cliente si ha leído a Schleiermacher o ha oído hablar de Otto, de igual modo que el cirujano no hablará de Lister con su paciente, sino que cuidadosamente se informa del dolor y las infecciones que tiene. Igual que sucede con el psiquiatra, el pastor escucha con un tercer oído que, en este caso, puede ser muy beneficioso que esté bien sintonizado con Schleiermacher o con Otto. ¿Qué actitud tiene la persona que quiere ayuda? ¿Se ve a sí misma como una criatura dependiente, o tiene un alto concepto de sí? ¿Es capaz de valorar algo aparte de sí mismo? Si se sintiera presionado por circunstancias extremas, ¿por qué estaría dispuesto a hacer algún sacrificio?

¿Ha experimentado alguna vez un sentimiento de sobrecogimiento o de dicha? ¿En qué momentos y situaciones? Puede que la persona en cuestión se haya encerrado dentro de una árida y desapasionada «objetividad» que rehuye cualquier sentido de misterio y descarta lo trascendente. De ser así, ¿es alguien que sostiene este disciplinado positivismo intelectual con entusiasmo, o tal postura parece ser más la secuela de una desilusión? Podría tratarse de una forma de retraimiento, cargada de dolorosos recuerdos, no precisamente disciplinados. Puede considerar que no hay nada que sea santo, y oculta todos sus sentimientos mediante un control emocional cuidadosamente ensayado. O puede estar acusando al pastor de pedantería con aires de autosuficiencia al tiempo que, aparentemente, pide ayuda.

Con amabilidad, el pastor puede poner a prueba estas impresiones. ¿Cómo manifiestan las personas su entendimiento de que son meras criaturas? En ocasiones, esta conciencia de las propias limitaciones

La diagnosis pastoral

se expresa por medio de una disposición a aceptar lo inevitable. Otras veces, muestran sus sentimientos de impotencia mediante un grado apropiado de humildad, especialmente ante los omnipresentes y acuciantes problemas humanos, como el dolor, el sufrimiento, la maldad, la enfermedad, la muerte, o las pérdidas. Sin embargo, puede que lo que pretende ser humildad, no sea más que engreimiento o exigencia. Esto último es así particularmente en ciertos casos de humildad piadosa que insiste en recibir un trato preferente por parte de Dios, a quien exige una posición privilegiada, en especial después de la muerte. Son muchas las almas, aparentemente humildes, que han vivido soñando con la posesión de fabulosas mansiones en el cielo y con la acumulación de ingentes cantidades de méritos y que, en el último análisis, se niegan a permitir que Dios sea Dios. Desde los días de Adán, estas personas siempre han deseado secretamente sustituir al Creador y, sin embargo, han cumplido cortésmente con las formalidades en las que Él parecía insistir. Han seguido lo que ellos han considerado que era «su juego».

Evidentemente, estoy haciendo un uso bastante libre del lenguaje teológico e incluso del bíblico a fin de dejar claro mi argumento. En las entrevistas de diagnóstico pastoral no es necesario hablar de Dios, aunque tampoco hay que insistir en lo contrario. Lo que sí es necesario es lo que podríamos llamar una vigilancia teológica, es decir, la silenciosa guía que el pastor recibe de su conocimiento teológico mientras trata con un individuo concreto que le está hablando de su experiencia de duelo, ira o gran frustración.

Considero que la conciencia de lo santo y los sentimientos de reverencia son también importantes variables del diagnóstico pastoral dado su poder de suscitar lo que los teólogos llaman idolatría. Puede que alguien trate su coche con tanta reverencia y esté dispuesto a hacer tantos sacrificios por él en términos de tiempo, dinero y energía que carezca de tiempo para otras actividades y objetos más importantes. Puede que alguien considere que la bandera nacional es tan digna de veneración y que valore hasta tal punto sus propias condecoraciones, que dé la impresión de que el gobierno y la Constitución sean su Dios (un caso bastante claro de religiosidad civil). La santidad y la reverencia pueden dejar de ser símbolos razonables para convertirse en ilegítimos, observación que, dicho sea de paso, es una forma de definir la idolatría. En tanto que diagnosticadores, los pastores deberían ser inmensamente curiosos respecto a los dioses de sus clientes. Para ello no deberían asumir con ligereza el sentido de sus declaraciones acerca de Dios, sino intentar entender bien lo que implican sus palabras en términos de pensamientos y acciones. Si el texto que dice «donde esté tu tesoro, allí estará también tu corazón» está en lo cierto, entonces la exploración del corazón nos proporcionará una clave respecto a cuál es su tesoro y viceversa, lo cual no es poca ayuda por lo que a orientar el diagnóstico se refiere.

Una segunda variable de diagnóstico que me gustaría explorar podríamos denominarla *providencia*. Es un término estrictamente teológico, doctrinal incluso. El concepto puede utilizarse en distintos niveles. El nivel que quiero subrayar a efectos de las entrevistas es el que está implícito en la expresión del psicoanalista Ernest Jones: «Lo que es realmente necesario saber respecto al propósito divino es su intención para con uno mismo».[27] Las definiciones doctrinales abstractas de «providencia» son una cosa, pero ponerse de acuerdo con sus implicaciones personales es otra muy distinta. Creo que las situaciones que se producen en las entrevistas pastorales están normalmente cargadas de referencias implícitas a la providencia, precisamente en este sentido a que se refirió Jones. Es comprensible que quienes están atravesando problemas se sientan molestos respecto a la proporción de cosas buenas y cosas malas que les tocan; de ello da testimonio la primera pregunta o exclamación, bastante típica por cierto, que se hacen muchas personas: «¿Por qué? ¿Por qué estoy tan abrumado?» E invariablemente la pregunta siguiente es: «¿Por qué yo? ¿Qué he hecho para merecer esto? ¿Cuál es el 'propósito de Dios' para mí?»

En este sentido personal, el término providencia sirve como forma abreviada de aludir a varios tipos cruciales de experiencia. Puede referirse a la fe en una benevolencia cósmica. En estos casos, el pastor puede preguntar, «¿hay algo bueno o agradable en tu vida, o es todo sufrimiento?» O puede comentar: «Vaya, el panorama no es nada halagüeño... ¿Me pregunto si ves algún destello de luz en alguna parte?». La «providencia» puede también aludir al deseo de la persona atribulada de experimentar la guía divina y puede expresarse con frases como, «ojalá supiera cuál es la voluntad de Dios». Por otra parte, se refiere también a la necesidad de encontrar apoyo: «Dígame, pastor, ¿dónde puedo encontrar alivio? ¿Qué he de hacer? ¿Qué es lo que he hecho mal? ¿Qué es lo que he de intentar cambiar en mi vida?»

La diagnosis pastoral

La providencia está relacionada de un modo crucial con la capacidad de confiar. Sin confianza, no hay providencia. Todo es hostilidad o amenazas. ¿Confía la persona realmente en el pastor a quien ha acudido? ¿Confía en que el pastor puede ayudarle, en que hay ayuda posible para él, y en que es digno de recibirla? ¿Confía en que su pastor cree en una fuente mayor de ayuda, en una fuente de benevolencia de donde mana «agua viva»? ¿Sabe que la atención pastoral es realmente una forma de atención divina? ¿Tiene confianza en este hecho? Si esto es así, la perspectiva no es tan sombría. Si no, habrá que considerar otras cosas. Hay personas que niegan activamente la realidad de la providencia y no lo ocultan. Puede que no sepan lo que es la benevolencia porque nunca la han experimentado y no confían en nadie. Objetivamente, puede que tengan abundantes razones para desconfiar de todos: los padres, los pastores o sacerdotes, los maestros, los funcionarios de la cárcel, la iglesia, Dios, el universo. No tienen esperanza ni conocen motivos para tenerla. No saben lo que es que alguien se preocupe por ti: «Uno de mis padres adoptivos que parecía preocuparse por mí durante aquel año en el instituto, murió en un accidente».

También es posible que algunas personas rechacen la providencia debido a un sentido de gran competencia personal. Este tipo de persona no es muy proclive a solicitar ayuda pastoral. Sin embargo, puesto que los sentimientos son rara vez puros y simples, las personas arrogantes también visitan los despachos pastorales y, a menudo, al mismo tiempo que están pidiendo ayuda, transmiten un narcisista sentido de autosuficiencia. Tienen quizás una vaga percepción de que su aire de autosuficiencia o de triunfalismo solipsista es únicamente eso, un aire, la proyección de una imagen equívoca tras la que subyace la necesidad de ser contradicho. Puede que intuyan que es de algún modo erróneo, y quizá hayan venido precisamente para que se les ofrezca alguna valoración.

Con la idea de la providencia como guía, el pastor puede realizar observaciones de diagnóstico más profundas que le dirán mucho respecto a dónde se encuentra su paciente. Esta guía le proporcionará un certero rumbo hacia las dinámicas de la esperanza y el optimismo, que son de gran importancia terapéutica. Siguiendo a Gabriel Marcel,[28] creo que esperar y desear son dos procesos completamente diferentes. Quien espera se orienta hacia actitudes y beneficios globales, como la vida, la libertad, la liberación, la salvación; quien desea tiende a centrarse en cosas específicas: dinero, lluvia tras la sequía, regalos de cumpleaños caros, la muerte de su enemigo. El que espera experimenta con la realidad, el que desea con desenfreno se mueve en el campo del pensamiento ilusorio. El que espera se orienta con respeto hacia un poder trascendente que tiene sus propios e insondables propósitos, el que desea se inclina hacia su yo como único punto de referencia. Dicho en términos teológicos, el que espera es un *escatólogo* que permite que Dios sea Dios, mientras que el que desea es tan solo alguien con un sentido apocalíptico que desea la inversión de su destino de manera que sus fantasías se cumplan hasta el más mínimo detalle. El que espera dice, «Ahora veo oscuramente, como por un espejo», mientras que el que desea acaricia la reserva de su habitación en un hotel celestial.

La otra cara de esperar y desear es prometer, lo cual considero también como un aspecto de la providencia en el sentido de Jones, a saber, el modo en que las personas ven el propósito divino en su relación con ellos mismos. Reflexionar acerca de lo que alguien piensa con respecto al contenido de las promesas de Dios, nos dice algo sobre su carácter. ¿Siente y actúa como si Dios le debiera unos beneficios concretos, que incluyen la pronta solución de su problema actual, o tiene la humildad de creer que la prometida presencia de Dios es suficiente y representa todo lo que tiene para hacer frente a su situación? Y en el mismo sentido: ¿Entiende tal persona que el pastor ha prometido unas soluciones específicas cuyo cumplimiento exigirá de manera legalista o, por el contrario, valora la actitud de ayuda del pastor de un modo incondicional?

Seguro que el lector habrá entendido que las variables que estoy proponiendo no son ni factores estáticos cuya presencia o ausencia haya de determinarse, ni tampoco factores mesurables cuya particular intensidad o gravedad haya de valorarse. Los veo más bien como cuestiones multidimensionales que ofrecen al entrevistador pastoral un panorama de la organización de los valores de la persona, en múltiples niveles y con mayor o menor grado de cohesión. Esto permite que tanto el pastor como su paciente, en una conversación bien orientada, puedan lidiar con el principio psicoanalítico de la sobredeterminación. Su propósito es arrojar luz acerca del modo en que las convicciones y «superconvicciones» se sitúan en la vida de las personas, respecto a cómo afectan a sus pensamientos, sentimientos y acciones, y al modo en que perciben sus dificultades. También ayudan

La diagnosis pastoral

a clarificar las actitudes preponderantes en la propia relación de ayuda.

Esto es muy evidente por lo que respecta a la tercera variable que quiero presentar, y para la que no consigo encontrar un nombre mejor que *fe*, entendida subjetivamente. Es importante no dar por sentado que se entiende cuál es su relación con una fe específica, con *la Fe* como patrón de principios objetivo e histórico, sino que tal relación se someta a cierta investigación. (Un capellán me comentó que había oído a un psiquiatra describir a un paciente como alguien que alimentaba «la fantasía de que Cristo era su Salvador y a quien había entregado su vida». Este paciente estaba meramente describiendo el contenido de su fe, de acuerdo con su confesión, y no una fantasía personal). El uso diagnóstico de la variable de la fe radica en dirigir la entrevista y las observaciones del pastor hacia la afirmación o negación que el sujeto realiza respecto a una determinada postura ante la vida, hacia la captación de su entusiasmo o indiferencia. ¿Se trata del típico optimista que se identifica de corazón con ciertos ideales y con una pauta general de realidad y vida? ¿O tiende a ser una persona negativista, desconfiada, crítica, llena de «peros» y «sin embargos»? ¿Es de los que abrazan la vida y la experiencia, o tiende a rehuirlas?

Incluso Sartre,[29] que se autoproclamó ateo, habla de una fe que es buena y de otra que es mala, y concede mucha importancia al compromiso. No se trata únicamente de saber con qué está comprometida tal persona, sino si es capaz de comprometerse con alguna causa. Se trata de saber si está, hablando en términos generales, comprometida con algo. Tillich preguntaría si la persona en cuestión tiene el valor de ser;[30] James observaría si tiene o no la voluntad de creer.[31] Jesús la interpelaría respecto al poder de la fe. No es importante qué palabras en concreto se usan, pero sí lo es, y mucho, la disposición de cualquiera que busca ayuda. Uno, provisto de un espíritu aventurero, puede estar dispuesto a correr riesgos; otro pretende encontrar un lugar de retiro seguro o la mayor medida posible de desvinculación. Algunos son valientes a pesar de su ansiedad; otros están muertos de miedo. Ante el cariñoso comentario del pastor, «pareces un poco tímido», una persona puede agachar más aun la cabeza, mientras que otra aguzará repentinamente el oído y movilizará energías que estaban latentes.

Existe una importante relación entre fe y «la Fe» que se recoge en expresiones como «Mi fe me dice que...», «Quiero aferrarme a mi fe» o

Directrices para el diagnóstico pastoral

«Mi fe me dejó en la estacada». Estas frases denotan una utilización posesiva, afanosa y a menudo defensiva del propio sistema de creencias como si se tratara de un objeto externo al que recurre la persona para que le sirva de manto de seguridad, código de asesoramiento, baluarte o protector. Uno de los símbolos más importantes en relación con todas estas características es la Biblia, o —como decía reiteradamente el aconsejado— «mi Biblia». Llámelo bibliolatría si lo desea, el valor de diagnóstico de este símbolo de la fe radica en el modo en que afecta al horizonte de la persona. ¿Es un concepto que le abre el mundo, o sirve más bien para trazar estrechos límites que configuran una zona de seguridad? ¿Representa acaso un progreso para la propia persona, algo que activa todos sus talentos, estimula su curiosidad y ensancha el ámbito de su compromiso, o supone, por el contrario, una especie de camisa de fuerza que le ahoga y que reprime sus capacidades? ¿Se atreve a aventurarse en el aprendizaje: ciencia, arte, acción social, o se autoconfina dentro del ámbito de la literatura «autorizada» y de las relaciones sociales de la iglesia? Puede que divida su vida en compartimentos para tener relación con otras personas que compartan sus mismas metas y pensamientos, que hayan sido instruidas y formadas bajo las mismas influencias en un mundo muy pequeño y reducido, acuciado por el temor a todo lo que viene de afuera. En otras palabras, esta dimensión de la fe dice mucho respecto a si la persona tiene una actitud abierta o cerrada, lo cual es un factor importante para la planificación de la deseable o posible intervención pastoral. La meta última de la intervención puede ser precisamente la de estimular una actitud más abierta.

La cuarta variable que propongo es la *gracia* o *gratitud*. Por lo que respecta a su raíz, vale la pena estudiar casi cualquier término cognado o derivado de la palabra latina «gratia» (gracia, generosidad, agradecimiento, gratitud). Todas estas palabras tienen algo que ver con la bondad, la magnanimidad, los dones, la belleza de dar y recibir, o de «obtener algo a cambio de nada». Sea cual sea su idea de la teología de la gracia, el pastor va a encontrarse precisamente en este ámbito de la experiencia con las personas que tienen problemas, un ámbito en el que la gracia es de importancia capital. En situaciones en que los sentimientos de culpabilidad se hacen perentorios, la relevancia del perdón es obvia. Sin embargo, el modo específico de aplicar la gracia no está siempre tan claro, puesto que algunas personas experimentan una considerable tensión entre la necesidad que tienen de ser perdonadas

La diagnosis pastoral

y su propia valoración respecto a si lo merecen. Algunas personas son, de hecho, refractarias a la gracia, por muy gratuita y libremente que ésta les sea ofrecida, y quizás lo sean incluso a la «gracia irresistible» de algunos teólogos. Al considerarse a sí mismos indignos del perdón, pueden estar experimentando un sufrimiento mayor aún que el que le acarrean sus sentimientos de culpabilidad: el sufrimiento producido por la convicción de que ellos son el árbitro final de su estado y que no existe veredicto más elevado, más sabio o más definitivo que el suyo. En otras palabras, tras el muro de las lamentaciones de su sufrimiento se esconde un inmenso orgullo, una insistencia en el carácter definitivo de su propio rechazo (en mi jerga personal, un enorme y potente núcleo de narcisismo).

En algunos casos de narcisismo desproporcionado, éste adquiere la forma de no sentir ninguna necesidad de gracia ni ninguna medida de gratitud. «¿Quién, yo? No necesito el perdón de nadie». «Nunca he pedido nada a nadie, solo lo que se me debe». «Sí, he tenido mucho éxito, pero también he trabajado mucho, me lo he ganado a pulso». Este tipo de sentimientos puede también hacerse patente en la táctica de la persona para iniciar la conversación con el pastor en la entrevista: «He venido a verle porque entiendo que este es su cometido». Todo es una cuestión de derechos o de intercambio de productos.

También pueden aparecer extrañas situaciones en el otro extremo, por ejemplo en la señora que está «muy agradecida...» en medio de terribles problemas, o en el del hombre que no es capaz de jurar —utilizar lenguaje teológico desde el corazón— en su tormento. No, se les ha enseñado a estar siempre agradecidos, a decirle «gracias» a cualquier prójimo, policía o dependiente, y a orar aun por sus enemigos. Su gratitud es un deber impuesto, una amenazadora orden de sus conciencias. Dondequiera que aparezca este agradecimiento forzado, se detecta una evidente falta de espontaneidad y de honestidad. No se ven rastros de la alegre simpatía inherente en la palabra «gracia». Es algo sombrío.

No es aconsejable que el pastor que lleva a cabo la entrevista diga algo como, «dime, ¿qué piensas acerca de la gracia?» O, «¿Cuál es tu postura sobre la pregunta número cinco del Catecismo?» Sin embargo, se le presentan maravillosas ocasiones de decirle a la persona atribulada: «Acabas de mencionar a Dios, ¿le ves como alguien tierno y bondadoso?» O, si la letanía de la persona en cuestión parece un poco exagerada o artificiosa, puede preguntarle por ejemplo: «Has pensado en la gran cantidad de dolor que hay por todas partes?» O puede también —si lo considera apropiado y surge de un modo espontáneo— extender la mano e impartir una tierna bendición a una persona que se siente absolutamente derrengada o desolada. Al hacer esto, o al decirle simplemente, «¡Cuánto estás sufriendo!...» expresará la gracia en la situación de ayuda al abrir la fuente que él y su oficio simbolizan.

En otro lugar[32] he expresado la convicción de que muchas personas apesadumbradas desean que se les imparta una bendición pastoral pero no se atreven a pedirla, o no saben cómo hacerlo. También estoy seguro de que algunos pastores, atrapados por sus propios sentimientos de ira o frustración, no quieren impartir una bendición a sus aconsejados, sintiendo que no la merecen. Esta actitud es, en mi opinión, bastante extraña en un pastor. Demuestra lo inútil que considera el ejercicio de la teología, su ciencia esencial, que sin duda define la gracia como un don gratuito. La gracia no debe administrarse o retenerse por una consideración de méritos o deméritos. Si los pastores se sintieran en libertad para impartir la bendición pastoral más a menudo y estuvieran dispuestos a hacerlo —del modo que les pareciera más conveniente—, descubrirían su valor como instrumento de diagnóstico. ¿Quién aceptaría tales bendiciones de todo corazón y con gratitud? ¿Quién se sometería a ellas con reparos, o se resistiría, o quién se situaría con petulancia por encima de ellas? ¿Quién derramaría lágrimas, quién se alegraría, o quién recibiría, por así decirlo, nuevas energías para afrontar sus problemas? En este momento nos movemos un poco a ciegas respecto a estas cuestiones, debido a una timidez errónea por ambas partes.

La palabra que mejor expresa la quinta variable es arrepentimiento, especialmente el verbo «arrepentirse». Este término se refiere a un proceso de cambio que muy a menudo inicia uno mismo cuando se encuentra en un estado de profundo disgusto o angustia, y que persigue una situación personal de mayor bienestar. Moralmente, este proceso puede describirse como un progreso de transformación de la vileza a la rectitud. Soteriológicamente es el proceso de cambio de la pecaminosidad a la santidad o de la condenación a la salvación. Evidentemente se trata de una variable muy compleja y que, sin embargo, se presta al establecimiento de diferenciaciones de diagnóstico.

La diagnosis pastoral

Imagino que una de las primeras cosas que a cualquier pastor le gustaría saber sobre quienes les piden ayuda es hasta qué punto son conscientes de su responsabilidad como provocadores de los problemas que enfrentan. El «yo» es agente tanto en los buenos como en los malos tiempos. Esto es lo que se reconoce en la antigua expresión «tener conciencia de pecado». Altamente ritualizada en el sacramento de la confesión, esta conciencia ha de ser verbalizada y comunicada. El paso siguiente es un sentimiento de contrición que culmina en una disposición a hacer penitencia, estimulada a su vez por los efectos anticipados de la absolución. Toda esta serie de actividades mentales es un ejemplo de lo que la literatura psicoterapéutica describe como «actividad de asimilación». Ya sea que se considere o no al pastor como confesor, éste ha de hacer frente a análogos procesos de resolución de problemas, de crisis y de actividad de asimilación, y su influencia sobre la otra persona se incrementa con la inclinación de ésta al arrepentimiento. De ahí su necesidad de estar alerta para discernir la presencia o ausencia de arrepentimiento, así como las formas concretas que adopta.

Sentir tristeza por el pecado presupone asumir cierta responsabilidad por la propia situación. ¿Acepta el demandante de ayuda algún tipo de responsabilidad? ¿O se presenta a sí mismo como una víctima de las circunstancias, o del destino, que no es responsable ni ha de dar cuentas de su desgracia? O, en caso de que crea que ha sido presa de las circunstancias: ¿asume alguna responsabilidad por su posterior reacción, interna o externa, a su difícil situación? ¿Se siente fustigado en exceso, desempeñando el papel de víctima pasiva, o se siente muy furioso, alimentando fantasías de venganza? De ser así, ¿se siente triste en alguna medida por tales patrones de respuesta? ¿O acaso se presenta a sí mismo con total despreocupación, niega cualquier responsabilidad para con su problema, y no ve nada que pueda hacer para mejorar su situación? No hay ninguna ley que circunscriba la petulancia a las situaciones de relativo bienestar, se puede ser también engreído aun en medio de las dificultades.

En contraste, cualquier pastor experimentado ha conocido a personas que asumen una excesiva responsabilidad por sus problemas, considerándose a sí mismos como los únicos responsables de ellos. Se sienten demasiado tristes por unos pecados que son cuestionables. Experimentan una profunda conciencia de pecado. Puesto que esto les sucede con bastante frecuencia a ciudadanos muy notables y a responsables de las iglesias, este «superarrepentimiento» tiende a tener ciertos visos de falsedad, que denota quizá una conciencia de pecado un tanto ilusoria y que no se ajusta a los hechos objetivos. Puede brotar de una hipertrofia de conciencia que ve el pecado por todas partes y que en cambio está ciega para la gracia. Las personas normales no entienden cómo puede soportarse tal estado, hasta que se dan cuenta de que tras esta fachada de aflicción se esconde la secreta satisfacción de ser el «mayor de los pecadores». Al fin y al cabo no deja de ser una elegante distinción, para algunas almas orgullosas que no encuentran en sí mismas otra cosa de que jactarse. Lo que acabo de describir es una dinámica tendencia a la escrupulosidad y una antigua pesadilla de experimentados sacerdotes.

Los sentimientos que han de ser objeto de búsqueda son el remordimiento, la pena y la tristeza, particularmente en los conflictos interpersonales, como las dificultades matrimoniales, o en el aconsejamiento acerca del divorcio. ¿Se trata de un remordimiento que conduce al arrepentimiento? ¿Se siente alguna de las partes contrita, es decir, quebrantada de espíritu? ¿Asume cada una de ellas una porción equitativa de responsabilidad, de modo que la contrición sea compartida? ¿Experimenta reparos alguno de los dos, algún sentimiento de malestar inducido por el veredicto de sus conciencias? Este podría ser el comienzo de un arrepentimiento que el pastor, por su posición única, está en condiciones de estimular constructivamente mediante los símbolos de la fe. Su papel no es el de clamar a voz en cuello «¡arrepentíos!», como los profetas de antaño. Sin embargo, si ha de dirigir de algún modo el proceso del arrepentimiento hacia una meta constructiva, bueno le sería tener algún diagnóstico aproximado de la inclinación de la persona al arrepentimiento, y de la forma probable que va a tomar este proceso según la idiosincrasia específica del individuo.

Llegamos ahora a la sexta variable: la *comunión*. Este es un tema muy amplio, que abarca toda una gama de realidades, desde la que expresa el texto «donde están dos o tres reunidos», hasta la inclinación hacia los patrones de parentesco con toda la «cadena del ser», tal como se pone de relieve en el concepto de «reverencia por la vida» de Schweitzer. Tiene que ver con el sentido de la propia integración, la preocupación por otros y el sentimiento de que otros se preocupan por uno. No me refiero a un sentido de pertenencia estrictamente denominacional o sectario, o a una participación activa en la membresía de una iglesia local. Estas son solo formas especiales de comunión que pueden llegar a ser tan restrictivas, desvirtúen la propia idea. Yo empezaría más bien con este sentido de la comunión humilde, compasivo y orgánico que le permite a la persona decir, «todos somos pobres pecadores», aun cuando tal reconocimiento se matice situándose uno mismo con la «compañía de los fieles».

Quizá el aspecto más esencial de este sentido de la comunión es la disposición del individuo a verse bien como una parte del resto de la humanidad y de la naturaleza, o separado de ellas. La primera posición implica abrazar, la segunda, ponerse en guardia. Creo que esta elección esencial de respuesta emocional afecta también al «estilo» de pensamiento de la persona. San Francisco sintió su parentesco con la naturaleza como un todo, y podía conversar sinceramente con el hermano sol y la hermana luna, mientras que la mayoría de los existencialistas y hombres como Eric Hoffer[33] ven discontinuidad por todas partes, sintiéndose arrogantemente distintos y separados del resto de la naturaleza. Se niegan a permitir cualquier comparación entre los hombres y demás primates, y con frecuencia dividen a la humanidad entre criaturas auténticas y no auténticas.

Por ello, la tarea de diagnóstico consiste en evaluar si una persona se siente esencialmente integrada o alienada, abierta al mundo o restringida en una parte de él, en contacto o aislada, unida o separada. Aunque la persona alienada pueda encontrar cierta compañía en su aislamiento o distancia que le aporte alguna satisfacción, es posible que prevalezca una actitud general de censuradora cautela mezclada probablemente con una buena dosis de orgullo. No tienen la capacidad de decir, «le podría pasar a cualquiera», puesto que tal reconocimiento solo puede emanar de un profundo sentido de la comunión.

En la situación de ayuda pastoral se hace frente al sentido específico de la propia integración que tiene una persona dentro de su grupo de fe y de su iglesia local. Es, al fin y al cabo, el último colectivo al que recurren los seres humanos cuando buscan la ayuda de un pastor. Esto se aplica también a aquellos que se ven de algún modo privados de movilidad, como en el caso del recluso de una cárcel o el del paciente de un hospital que se dirigen al capellán de la institución. Sin embargo, es exactamente dentro del grupo de fe o de la iglesia local donde las personas pueden experimentar un agudo sentido de alienación, como bien saben los pastores. Puede que la persona experimente cierto sentido de comunión con el mundo en un sentido más amplio y, sin embargo, por lo que respecta al pequeño grupo en el que se siente de algún modo abandonada o herida, prevalece una amargura que genera una reacción de rechazo. Creo que tales sentimientos son muy frecuentes en nuestros días debido a las tendencias polarizadoras que aquejan a las iglesias, como son las nociones liberales versus las conservadoras, las teologías de una salvación particular versus aquellas que propugnan una redención colectiva, o la sentida distancia entre la iglesia nacional y la local. La alienación del propio grupo local tiende a sentirse de un modo más profundo y doloroso que el distanciamiento de grupos más lejanos. Esto es así porque conlleva la separación de personas a quienes se conoce de un modo personal, lo que le da el carácter de conflicto entre hermanos.

En tales formas de alienación, las convicciones religiosas operan en dos niveles al mismo tiempo. Uno puede romper con su grupo local, al tiempo que mantiene un sentido de comunión con la iglesia nacional si está contento con su orientación general. Puede forzarse por motivos teológicos a alinearse con un inmenso colectivo disperso por otros lugares y que, lamentablemente, está fuera de su círculo cotidiano. Esta es una de las razones por las que la iglesia produce en ocasiones individuos solitarios, a pesar de sus proclamaciones de fraternidad. Tengo la ligera impresión de que los pastores se encuentran estos casos con creciente frecuencia en sus despachos y puede que no sepan cómo tratarlos. Tengo también la impresión de que ciertos pastores experimentan exactamente esta clase de alienación de su propia iglesia local, y probablemente de un modo aún más profundo puesto que, desde un punto de vista profesional, tienen muy poca libertad para tomar medidas que resuelvan tales sentimientos. En cualquier caso, los patrones de distanciamiento dentro de la vida de iglesia requieren una exacta evaluación de diagnóstico que esté lo más libre posible de las propias reacciones «contratransferenciales» del pastor para adoptar la estrategia de aconsejamiento que promueva mejor un sentido de la comunión.

Experimentar crecientes sentimientos de alienación y aislamiento se convierte a menudo en algo doblemente doloroso dado que genera un sentido de culpa y de vergüenza. A pesar de la primacía que adquiere la experiencia de distanciamiento de la persona a ayudar, puede que ésta sepa que tales sentimientos son de algún modo erróneos, según sus propios preceptos éticos o su visión de la iglesia. Descubrir este complejo requiere también una aguda sagacidad pastoral para el diagnóstico. En esta condición el pastor tendrá que acordar tarde o temprano una juiciosa alianza con los aspectos viables de la conciencia de la persona para poder resolver el problema.

En todas estas situaciones me gustaría subrayar lo importante que es que el pastor escuche a su aconsejado de un modo paciente y atento para no caer en la trampa de buscar argumentos para defenderse. Si es consciente de que la primera parte de su trabajo ha de ser el diagnóstico, el pastor será capaz de aplacar su furor terapéutico lo suficiente como para evitar serios errores estratégicos. Para que su aconsejamiento tenga éxito, tendrá que acercarse a algunos casos con gran ternura y compasión, a otros con severidad, y a otros aun quizá con una voluntad de resuelto enfrentamiento. Como dice Hiltner acerca del caso mal dirigido de Ichabod Spencer con la mujer angustiada: «En lugar de más 'convicción de pecado', lo que [la mujer] necesitaba realmente era un bálsamo para su pena».[34] Solo se puede diferenciar una necesidad de la otra invirtiendo el tiempo necesario para hacer un diagnóstico dentro de un marco conceptual coherente.

El séptimo tema que propongo es *un sentido de la vocación*. Con esta expresión no me refiero a la elección de la orientación profesional o de las metas académicas de la persona, sino a su buena disposición para participar del esquema de la creación y de la providencia, de manera que sus acciones estén provistas de un sentido de propósito que valide su existencia bajo su creador. A algunos, esta afirmación les sonará a utilización de la ética puritana como modelo social; para otros es una variante de la imagen de Calvino del hombre bajo el «llamamiento eficaz». Lo propongo como una variable de diagnóstico dada su posición intermedia en la escala de abstracción, que permite mediar entre las proposiciones teológicas de alto nivel y los detalles de la vida cotidiana de la gente de a pie. Ofrece una mediación entre los diferentes significados añadidos de la palabra «trabajo», reconociendo la diferenciación de Lutero entre el trabajo en singular y los trabajos (u obras) en plural. Añadamos a esto la máxima de Freud en el sentido de que amar y trabajar son los dos ingredientes más eficaces de la salud mental, y nos daremos cuenta de que esta variable de la vocación es prácticamente imprescindible como elemento de diagnóstico pastoral.

La pregunta importante no es: «¿En qué trabaja usted, Sr. Jones?» Esta sería tan solo una pregunta de carácter sociológico. La evaluación pastoral de la vocación comienza aproximadamente en el nivel del libro

Directrices para el diagnóstico pastoral

de Studs Terkel, publicado recientemente,[35] que recoge entrevistas con trabajadores de todo tipo que hablan de lo que hacen, de por qué lo hacen, y de las satisfacciones y frustraciones que experimentan en sus trabajos. De hecho, el propio libro de Terkel puede considerarse un registro casuístico para cualquier teología de la vocación. Este trabajo pone de relieve que la mayoría de los trabajadores hacen una sorprendente inversión en su puesto laboral y que se acercan a sus tareas, al margen de lo deprimente o aburridas que sean, con un profundo sentido de la vocación. Hacen que su trabajo encaje dentro de una escala de valores y tienden a atribuirle una relevancia casi cósmica, sin importar lo humilde que pueda ser la tarea. Si estas son las actitudes que adopta la gente en sus ocupaciones diarias, como proponen las entrevistas de Terkel, el pastor ha de atreverse a evaluar la postura de las personas ante la totalidad de la vida, tanto en el trabajo como en el tiempo libre, desde la perspectiva de su sentido de la vocación.

Algunas señales directas de la participación son el entusiasmo, el vigor, la vivacidad y la dedicación. Sin embargo, todas ellas pueden estar al servicio de una actitud destructiva. Los torturadores pueden tener estos cuatro rasgos en una proporción espectacular. ¿Qué es lo que define la vocación, entendida teológicamente, aplicada a cualquier tarea o actividad? En épocas anteriores se subrayaba la perfección y la obediencia al deber; en nuestros días podemos hacer hincapié en una sincera participación en un trabajo constructivo que abre la puerta a la benevolencia divina y que rehuye sistemáticamente ponerse del lado de lo maligno. Tener sentido de la vocación implica ser consciente del elemento diabólico de la naturaleza humana, presente también en los asuntos humanos, y tener el deseo de controlarlo. La vocación tiene un carácter «mejorador»: es poner los propios talentos al servicio del proceso que dirige el universo hacia una integridad creciente.

Con un sentido como este de la vocación y aunque solo sea en algunos momentos cruciales de la vida, la existencia humana adquiere el carácter de un significativo periplo y el proceso vital se nutre de múltiples significados, sin los cuales sería únicamente una carga siniestra, aburrida y fatigosa. La vida se convierte en un peregrinaje.

La perspicacia en el diagnóstico ofrecerá al pastor una amplia visión de las diferencias individuales en cuanto al sentido de la vocación que, a su vez, le proporcionará directrices vitales para sus intervenciones. Esta variable no es simplemente para que se marque como presente o ausente en una lista de comprobación protocolaria. El sentido de la vocación coadyuva a desarrollar patrones de maneras de experimentar la vida, de invertir las propias energías y de sobrellevar las propias tensiones.

Basta un poco de atención para observar que estas formas de experimentar la vida se sitúan dentro de unas coordenadas que podemos denominar como generosidad y mezquindad. En la postura generosa, la persona se manifiesta dispuesta a asimilar gran parte de lo que hay en su mundo, a decir sí a toda una serie de experiencias y a disfrutar de todo corazón una buena parte de ellas. Cuando esta actitud cobra una intensidad extrema puede llevar al libertinaje, a un hambre insaciable de nuevas experiencias, y la persona corre el riesgo de asumir una mezcla extraña y sincretista de valores y convicciones incompatibles. En este contexto, el sentido de la vocación genera una enorme inversión de energía que puede ser desenfrenada e irreflexiva. En la postura de la mezquindad, el acento está en la prudencia, la pureza, y la precisión, que lleva en la práctica a decir no a muchas experiencias reales o potenciales. La consigna es «control» y, si se entiende de un modo exagerado, se acaba rechazando de uno u otro modo buena parte de la vida, la experiencia y los sentimientos. El riesgo de esta postura es que la represión sea tan intensa que convierta el sentido de la vocación en un improductivo perfeccionismo.

Hay otro par de baremos para determinar los estilos del sentido de la vocación. Para referirme a ellos me gustaría utilizar las palabras «humor» y «gravedad», entendidas ambas en su sentido más amplio. En el lado del humor situaría la disposición a arriesgarse con una actitud curiosa e imaginativa, a involucrarse de un modo desenfadado en la gran diversidad de ambientes del propio mundo y, si posee el talento necesario, a proponer soluciones ingeniosas a diferentes tareas y problemas. Cuando nos vamos acercando al polo de la gravedad encontramos un constante dogmatismo en todos los sentidos, una dedicación a la letra en lugar de al espíritu de las cosas, y un acercamiento bastante sombrío a la vocación que la convierte en un deber o tarea inevitable (puesto que existen pruebas textuales que demuestran su necesidad), pero que es esencialmente desagradable. El «entusiasmo» y la «espontaneidad» están próximos al humor, y puede que la volubilidad sea su peligro común. En el caso de la gravedad, sus rasgos característicos son la «rigidez» y la «pesadumbre», y su peligro común la severidad. Estoy seguro de que pueden añadirse otras

Directrices para el diagnóstico pastoral

distinciones para captar las diferencias individuales del sentido de la vocación. La esencia de este resumen sobre la idea de la vocación, tal y como la he descrito provisionalmente, se sitúa de manera estratégica entre las diferentes doctrinas teológicas del hombre y los detalles concretos y complejos de la vida cotidiana, y proporciona de este modo distintas perspectivas de diagnóstico. «¿Qué quieres hacer realmente con tu vida?» puede preguntar el pastor. «¿Qué he de hacer?» puede responder el feligrés. Un feligrés de la antigüedad, conocido por ser un joven rico, preguntó, «Maestro, ¿qué he de hacer...?» Todas ellas son preguntas de carácter vocacional e incluyen la pregunta del millón respecto a la coherencia entre el estilo de vida y los valores.

6

La cooperación en el diagnóstico

He presentado estas variables como una serie provisional de directrices para las entrevistas de diagnóstico pastoral y para ayudar a estructurar la comprensión del pastor de la persona atribulada que tiene ante él. Un pensador medieval convirtió la pregunta de Pilato «*Quid est veritas?*» en el anagrama «*Est vir qui adest*» (es el hombre que tienes ante ti).[36] Entender esta verdad individualizada e idiosincrásica, y hacerlo de un modo compasivo, es en mi opinión la esencia del diagnóstico. Pero me gustaría darle a esta descripción una dimensión «whiteadiana». El contacto entre conocedor y conocido, sujeto y objeto, no es una percepción unilateral en la que un activo conocedor aprehende un dato pasivo, sino una «prehensión» recíproca que surge de los sentimientos y que genera otros nuevos. En la prehensión, un dato se convierte en una ocasión, una nueva concrescencia dentro del progreso creativo del mundo. Conocedor y conocido penetran el uno en el otro, intercambian y se enriquecen recíprocamente, de manera especial en los niveles orgánicos.

Para mí, esto significa que en aquellas formas de relación humana en que se busca y se ofrece ayuda de un modo significativo, la persona que la busca está ya en el proceso de expresar alguna concepción de sí misma. Al buscar un posible asistente, está haciendo ya un balance personal, ha comenzado a elaborar un diagnóstico de sí mismo. Al seleccionar una clase de asistente en lugar de otra está orientando ya el proceso de diagnóstico en una cierta dirección. Está buscando una particular perspectiva de diagnóstico, aquella que, espera, le beneficiará. Al ofrecerse a sí mismo como «dato» (el *datum* en el sentido de Whitehead), espera entrar en una situación en la que predominarán ciertos sentimientos afines entre él mismo y la otra parte. Y por ello, al dirigirse a un pastor, el cliente ha hecho ya un autodiagnóstico provisional que desea explorar y expresar de un modo más completo. Espera, sin duda, consejo y asesoramiento, pero se mostrará reacio si éstos le llegan antes de tiempo o de un modo abrupto, puesto que quiere primero poner a prueba su propia evaluación con un amigo cuya perspectiva considera atractiva o gratificante. Puede también mostrarse reacio si se expresa en una terminología ajena a la perspectiva que buscaba. Desilusionado o irritado, podría, si fuera franco, espetarle a su pastor: «¡Zapatero a tus zapatos!»

Obsérvese que he venido utilizando palabras religiosas profundamente arraigadas y de cuño teológico sin ser excesivamente técnico. No son términos psicológicos, aunque pueden prestarse a describir exploraciones de la experiencia que pueden señalar marcadas diferencias individuales. No he utilizado tipología religiosa, o ningún otro sistema de clasificación. No he elaborado una lista de control o un inventario de comportamientos. Ni tampoco he establecido un patrón para llevar a cabo una entrevista estructurada.

He rehuido estas opciones intencionadamente porque creo que las prácticas de diagnóstico preponderantes en la psicología y la psiquiatría son un tanto ambiguas, y no veo ninguna razón para que los pastores intenten imitarlas. Con demasiada frecuencia, diagnosticar significa simplemente etiquetar, poner a algo una pegatina con un nombre, lo cual permite fingir que se sabe de qué se trata y que se entiende. O significa escoger un término o expresión de una lista que pretende enumerar clases de entidades, con la implicación de que cada clase representa una sólida porción de realidad bien delimitada y diferenciada de las otras, y que todas juntas constituyen el universo de entidades de una disciplina específica. Estoy cansado del hábito profesional de resumir en una sola palabra unas condiciones humanas que son complejas, inciertas y que siguen abiertas, especialmente cuando esta palabra es un nombre. Y más aún cuando se trata de un nombre artificial que pretende derivar su prestigio de sus afeites pseudogriegos o pseudolatinos.

Para una utilización imprecisa de la terminología de diagnóstico ya tenemos bastante con la medicina. Por ejemplo, el término «apendicitis» tiene alguna medida de precisión y de valor indicador puesto que sugiere al menos la localización del desorden y algo del tipo de proceso, en este caso una inflamación. La causa, no obstante, no queda especificada en el nombre. En un término como «neuralgia», no se establece ni la localización, ni el tipo de proceso, ni la causa (lo único que sugiere es un dolor de las terminaciones nerviosas en algún lugar). En «sífilis del sistema nervioso central» se implica una causa conocida, a saber, las *spirochetes*; también se postula un proceso de invasión, pero no se señala un punto de entrada conocido; el *locus* es impreciso (solo sabemos que los pequeños monstruos se esconden en algún lugar), y el curso de la enfermedad puede ser tan diverso y prolongado que se hace muy difícil decir cuándo el paciente está fenomenológicamente enfermo y cuándo no. Y es incluso más difícil decidir si hay que considerar a la persona como «realmente enferma» cuando no presenta los síntomas. Estos ejemplos muestran la tremenda gama de factores conocidos y desconocidos, y de sucesos, hechos e inferencias, datos y especulaciones, certezas y suposiciones manifiestos y encubiertos condensados en las expresiones médicas.

En la psiquiatría, los nombres de los desórdenes son incluso más imprecisos. Algunos, como por ejemplo la «histeria», son francamente metafóricos o míticos, con una falsa sugerencia por lo que respecta al *locus*. Otros, como la «esquizofrenia», se forman a partir de un uso alegórico de palabras comunes, «dividir» y «mente» (originariamente «estómago»), con una soltura o licencia poética exquisitas. Algunas expresiones más recientes como «línea divisoria» (en inglés, *borderline*) tienen connotaciones completamente fuera de lugar cuando se trata de concepciones de la mente. Existen también otras expresiones como «reacción ansiosa» que son puramente descriptivas, mientras que «depresión» y «paranoia» son meramente términos sofisticados para expresar las ideas de «gran tristeza» y «actitud injustificada de sospecha».

No, no es una cuestión de nomenclatura. Etiquetar es una práctica perniciosa, y los vocabularios de la medicina y la psiquiatría son un problema tan grande para estas disciplinas que no tienen nada que ofrecer a los profesionales de otros campos. Un sujeto y su problema no pueden ni deben resumirse con un término o expresión tipológica. Nuestra necesidad en las profesiones de ayuda es la redacción de formulaciones juiciosas de los problemas que combinen la descripción con la explicación y que se expresen de tal modo que aporten claves para una intervención viable. Por otra parte, esta formulación debería alcanzarse mediante la colaboración entre consejero y aconsejado. Lo ideal sería que estuviera redactada de un modo que hiciera posible que el cliente o paciente pudiera entenderla sustancialmente y que tal comprensión le diera la libertad de contratar un proceso de mejora bien definido. La persona tiene el derecho de poder definir por sí mismo, con ayuda del experto que considere oportuno, la naturaleza de su estado, su situación, su yo, en la perspectiva que considere más relevante.

Las variables que se han descrito en el capítulo anterior se basan en mis propias intuiciones teológicas combinadas con mi explícito conocimiento clínico y psicológico. Esta combinación es vulnerable, no solo porque es de carácter idiosincrásico sino por la naturaleza intuitiva de la teología implicada y de su selectividad. No soy un teólogo sistemático, y por tanto no me he esforzado en derivar conscientemente mis variables de un particular corpus de teología dogmática. No pretendo que aquello que con cautela he llamado «variables» se convierta en ningún sentido en categorías sistemáticas.

Mi reticencia a ser más específico surge en primer lugar de mi conciencia de las limitaciones del papel de consultor. En este caso, el papel lo interpreta una persona que domina la psicología, pero que momentáneamente se sitúa en la frontera de esta disciplina a fin de dar un vistazo a sus materias vecinas (la teología y la pastoral), y entablar un serio diálogo con ellas. Pero mi reticencia surge también de otras fuentes. Como Hiltner se ha esforzado en señalar, los esfuerzos innovadores son rara vez puristas. Algunos grandes teólogos no usan solamente verdades teológicas, o bíblicas si son judíos o cristianos, sino que las combinan con su concepción de proposiciones y tendencias de otras disciplinas. Agustín estaba bien versado en la psicología antigua, como revela su teoría de la memoria, y aún más en retórica. Tomás de Aquino conocía perfectamente la metafísica aristotélica, y la utilizaba libremente en sus obras teológicas. Algunos psicólogos importantes tienden a estar muy bien versados en otras materias, que incluyen, como es el caso de William James, la filosofía y la teología. Algunos grandes psiquiatras saben mucho más que psiquiatría, como ponen claramente de relieve los escritos de Freud. Los esfuerzos por salvaguardar el carácter único de una particular perspectiva han de encarar el principio de la realidad, que enseña que

La cooperación en el diagnóstico

casi todas las perspectivas están formadas por sutiles combinaciones interdisciplinarias que aportan varios patrones de «forma y fondo».

Por tanto, el hecho de que haya llamado la atención respecto a la especificidad profesional no ha de interpretarse en el sentido de que los pastores deban utilizar únicamente la teología en su trabajo, que los médicos no deban salirse nunca de los cauces de la medicina, y que los psiquiatras han de confinar su labor dentro de los hechos que su disciplina ha descubierto con tanto esfuerzo, y no utilizar ninguna otra cosa. Al fin y al cabo, todo este tratado se dirige a los *profesionales* que, a diferencia de sus colegas de profesión situados en los territorios puramente académicos y de investigación, se dan cuenta de la tremenda influencia que tienen la práctica y la técnica sobre la teoría. En el caso de los profesionales, la práctica informa y transforma constantemente la teoría. En los procesos profesionales reales, las perspectivas están siempre mezcladas en cierto modo; tienen siempre ciertos tintes interdisciplinarios. Sin embargo, le corresponde a cada profesional saber cuál es su combinación particular de disciplinas, y cómo valora la importancia de cada una dentro de su trabajo, de modo que no confunda los orígenes y puntos de anclaje de sus pensamientos y acciones. La cooperación entre el pastor y el feligrés para el diagnóstico se desarrolla, por tanto, desde dos partes, cada una con sus expectativas y puntos de vista, que se encuentran para participar en un proceso de resolución de problemas. El pastor es un profesional, formado para ver las cosas desde un prisma teológico y ético y para asumir ciertas actitudes que vienen determinadas por su tradición. Por decreto social, se le ha dado el derecho de acceso e iniciativa, que puede ejercer de distintas maneras. Sin embargo, este derecho va unido a un deber. El pastor ha de ser, igual que otros profesionales, un recurso altamente accesible al que las personas puedan recurrir sin mucha formalidad. Dispone de muchas «herramientas» pastorales que puede aplicar selectivamente a las situaciones pertinentes. Puede, además, haber adquirido distintos grados de conocimiento y técnicas desarrollados dentro de otras profesiones, y que ahora están más o menos incorporados a su marco de referencia pastoral de pensamiento y operaciones. La otra parte, el feligrés que busca ayuda, aporta su ser apenado, sus problemas, su pánico, su desesperación, su defectuoso sentido de la dirección, o quién sabe qué más, junto con al menos una de las actitudes y expectativas que se describen en el capítulo cuatro. Entre tales expectativas está la de que el pastor aportará los recursos de su oficio pertinentes a los problemas personales que va ahora a compartir con él. Existe también la esperanza expresa u oculta de que la perspectiva de la fe revelará al menos algunas dimensiones especiales del conflicto del sujeto que no se captarán tan fácilmente desde otras perspectivas.

Es posible que el feligrés traiga a su encuentro con el pastor otras muchas actitudes y sentimientos. Puede que espere magia de parte del «hombre de Dios». Si el feligrés es una mujer, puede ocurrir que se enamore del pastor, esperando puerilmente ver cumplidos algunos de sus deseos eróticos. En general, las personas se relacionan con los pastores con una gran ambivalencia alabándoles y provocándoles en sorprendentes e intrincadas combinaciones. La relación del sujeto con su fe, tradición o iglesia local puede ser de algún modo indirecta, dándole a su petición de ayuda un tono argumentativo, batallador o condescendiente. Su actitud puede ser excesivamente dependiente, competitiva, explotadora, o excesivamente piadosa, incluso empalagosa. Todo ello es lo que los psicoterapeutas llaman patrones de transferencia que consisten, hablando a grandes rasgos, en transferir los patrones de relación con los padres adquiridos en la infancia, a la nueva relación con el pastor, a quien ahora se ve, de un modo erróneo, como una figura paternal. La transferencia carga la relación con el pastor de expectativas inapropiadas o falsas, al margen del tono que éstas adquieran, que puede ser agradable o desagradable. Probablemente, si no se reconoce su verdadera naturaleza y procedencia, estas expectativas se convertirán en trampas durante el proceso de ayuda.

Por otro lado, la combinación de anticipaciones conscientes e inconscientes de la persona que busca ayuda proporciona el escenario ideal para una evaluación pastoral del atribulado y para afianzar a las dos partes en su cooperación para el diagnóstico. En esta asociación, el ministro ha de dirigirse al feligrés con la clase de respeto que proporciona la necesidad de hacer balance, de descifrar el problema dentro del marco de referencia de las expectativas —sostenibles o no— que le llevaron a su pastor. Gracias a esta cooperación se sitúa el problema en la especial perspectiva (modulada por otras perspectivas auxiliares) en la que son expertos los pastores, que representan a la iglesia.

Llevan a cabo una gran variedad de actividades y funcionan normalmente en una gran diversidad de roles. Aunque su oficio tiene carácter representativo en formas y niveles muy distintos, incluso en un nivel de relevancia cósmica, no son hombres orquesta. Ni tampoco se les ve realmente de esta manera, excepto en las bromas de los feligreses que recurren a ellos. Si algo inspiran es cierta reverencia, por su posición en cierto modo por encima de lo ordinario. Aunque puede ser difícil definir de manera exhaustiva en qué sentido son únicos, a los pastores se les ha considerado tradicionalmente y de manera acertada como expertos en una manera especial de mirar al hombre, su lugar en la naturaleza y la sociedad, y su papel como criatura. Ya sea de un modo profundo o impreciso, los feligreses saben esto y por tanto revisten sus visitas a los pastores de una tonalidad especial y esperan una respuesta en consonancia. Sin duda, se evidenciará lo intuitivo de mi teología al proponer la idea de que el motivo más profundo que hace que las personas recurran a los pastores, en lugar de a otros consejeros y asesores, es una conciencia de su propia condición de criatura, y un deseo de que se le considere en esta especial dimensión de su humanidad. En mi opinión, la integridad característica del diagnóstico pastoral descansa en el reconocimiento de este hecho, y en una actuación coherente con él.

7

El lenguaje en la relación pastoral

En comparación con otras disciplinas, especialmente las profesiones de ayuda, la teología se sitúa en una posición única por lo que respecta a su uso del lenguaje. Sus trascendentales palabras han ido llegando al público por medio de sermones, libros, lecciones, himnos y ritos. Las Santas Escrituras, su fuente esencial de vocabulario, han circulado libremente desde los días de la Reforma. Por otra parte, tal fuente esencial no es un libro de texto que plantea un sistema conceptual, como hacen los libros fuente de otras disciplinas, son más bien una colección de obras literarias de géneros tan dispares como la poesía y las tablas genealógicas, el mito y la narrativa histórica, las cartas y las profecías.

Algunas materias de extrañas designaciones técnicas como la «escatología» y la «soteriología» son el privilegio de cultos especialistas. Los términos que la teología ha tomado prestados de la filosofía, como «ontológico», «*summum bonum*», o «imperativo categórico», no se han difundido entre los laicos. No obstante, las palabras esenciales de la teología y sus aplicaciones pastorales tienen un cuño común y encuentran muchos puntos de referencia ilustrativos en la Escritura (y sin duda esto se refleja en un buena parte de la literatura y el arte occidental). Este cuño común no impide que haya malentendidos, sin duda, pero la mayoría de las palabras son parte del vocabulario público. No suenan extrañas o elitistas. Aparecen en

La diagnosis pastoral

los diccionarios generales, en las lápidas, en las canciones populares, en los votos matrimoniales, en los labios de las madres y —con una gran profusión— en los programas de radio del estado de Texas. Están impresas en millones de panfletos y en los trípticos de los planes para la recaudación de fondos. Su familiaridad es casi embarazosa, y ello puede ser una de las razones por las que algunos pastores acomplejados rechazan su utilización. Sin embargo, con ese rechazo se están distanciando también de algunos de sus feligreses.

Esto no sucede en las otras disciplinas. Sus libros de texto son por lo general para las personas cultas e iniciadas, para los investigadores y profesionales. Desde el mismo comienzo, sus palabras clave son técnicas, conceptuales y, en ocasiones, misteriosas (únicamente pueden entenderse tras una considerable familiarización o trabajo técnico). Por mucho que ciertas elites quieran sacar estas palabras de sus adecuados contextos para utilizarlas en sus fiestas de gala o en modernas formas de periodismo, expresiones como «envidia fálica» tiene poco que ver con la embriaguez, y «esquizofrenia» no es una palabra apropiada para describir nuestra política en el sudeste asiático. Ni tampoco «ética puritana» es una expresión correcta para expresar cualquier concepto relacionado con una actitud diligente y esforzada ante el trabajo. El término «simbiótico» está burdamente fuera de lugar como mera alusión a una madre y a su hijo, y la palabra «triádico», que tanto gusta a los terapeutas de la familia, no puede utilizarse para referirse meramente a una familia de tres. El gran pseudoprestigio de todos estos términos técnicos parece hacerlos acreedores del afecto de los recién llegados, al menos mientras estén de moda.

Por otra parte, los teólogos han sido formados como exégetas. Sean cuales sean sus principios hermenéuticos, se les considera hábiles traductores e intérpretes que pueden aclarar el sentido de complejos pasajes a la gente normal, que son esencialmente como las personas que aparecen en las páginas de la Escritura, su recurso literario esencial.

Entre los teólogos, los pastores profesionales están también formados en la homilética, el arte de hablar con sentido; en esta disciplina se refinan las palabras corrientes para que adquieran un sentido brillante. Las proposiciones difíciles y enrevesadas cobran forma y se convierten en un mensaje personal y comprensible. De entre quienes integran las profesiones de ayuda, los pastores deberían ser los mejores narradores, los intérpretes más claros, y los menos proclives a utilizar la jerga técnica. Es cierto que toda esta formación para hablar con propiedad puede hacer de los pastores malos oidores, sin embargo, cualquier buen curso de aconsejamiento puede sacar al pastor del error que supone un excesivo narcisismo verbal y ayudarle a utilizar un lenguaje corriente, que constituye un maravilloso vínculo con sus clientes.

Si estoy subrayando estos rasgos acerca del lenguaje pastoral y religioso es por una razón: algunos eminentes personajes han transmitido a nuestra generación de eruditos que el lenguaje teológico es particularmente disparatado, espurio, fatuo, engañoso, no empírico, inconfundible, mítico (y un montón de otros epítetos denigrantes que circulan en los ambientes de Oxford y Cambridge).[37] No niego la validez de tales argumentos críticos, pero sí cuestiono su fuerza. No creo que estas críticas afecten en lo más mínimo a la terminología de los creyentes corrientes. No impiden que a la gente le sigan gustando los himnos, ni siquiera afectan a su preferencia irracional por los malos himnos, como el de William Cowper:

> Hay un precioso manantial
> De sangre de Emanuel,
> Que purifica a cada cual
> Que se sumerge en él.

Es cierto, en el lenguaje religioso y pastoral se trata con palabras simbólicas y, aunque queramos ser prudentes con ellas, no debería prohibirse su uso en ninguna situación pastoral. Si el pastor arroja por la borda sus palabras simbólicas, se quedará sin mercancías y su barco bandeará. Con un fuerte golpe de viento se hundirá. Aunque es posible que el lenguaje teológico haya de someterse a un proceso de refinado, no tiene por qué prescindir de su carácter único sacrificando sus símbolos. Una vida tan compleja como la humana requiere la utilización de muchos lenguajes y la capacidad para pasar de uno a otro; someterse a un proceso de nivelación como el que supone el esperanto no le beneficia.

La frase siguiente es un ejemplo de diagnóstico pastoral redactado para una monja hospitalizada por una enfermedad mental:

> «Se encuentra en la dolorosa posición de haber invertido veinte años en una vocación religiosa y comprometida con

un Dios que la ha abandonado en el momento de su mayor necesidad».

Comparémosla con la frase que redactó un psiquiatra en relación con la misma paciente:

«Habiéndose visto forzada durante años a concentrar su energía psíquica en un solo objeto, ahora se siente profundamente ambivalente hacia él, i.e., 'Dios', porque su esperanza mágica de desarrollo no se ha cumplido».

¿Hace falta preguntar cuál prefiere usted? La respuesta depende en principio del propio marco de referencia. La primera afirmación es de carácter pastoral, la segunda está redactada en terminología psiquiátrica. Ninguna de ellas es especialmente deslumbrante. Nos sentiremos a gusto con una o con la otra según cuál sea nuestra profesión. He de añadir, no obstante, que la frase pastoral con su utilización sin complejos de la palabra Dios en un sentido personal y sin entrecomillarla, añade vivacidad y profundidad de experiencia a la formulación del problema. Por otra parte, la paciente la reconocería de inmediato como relativa a ella (puede incluso que recuerde exactamente lo que dijo en aquella entrevista con el capellán). Dudo que se reconociera fácilmente en la declaración psiquiátrica.

Como he observado antes, en ocasiones los pastores recelan de lo que sus clientes dicen acerca de Dios, y ellos mismos dan rodeos a fin de evitar este tipo de conversación. Esto puede dar origen a diálogos e interacciones un tanto extraños. Me acuerdo de un sacerdote católico joven, que en aquel entonces hacía prácticas de aconsejamiento pastoral en una parroquia. En su celo por la ética social, había desarrollado una gran suspicacia contra el lenguaje simbólico habitual de los creyentes, lo que le llevó a ignorarlo por considerarlo mojigatería. Encontró su justo castigo al conocer a una mujer casada de mediana edad que en su primera entrevista le dijo que quería conocer la voluntad de Dios en una difícil situación. Habiéndose convertido recientemente al catolicismo romano, iba periódicamente a confesarse pero siempre consideraba que no se le dedicaba suficiente tiempo, lo cual la distanciaba en cierto modo de la iglesia. Fue necesaria una sesión con un sacerdote formado en aconsejamiento para que aquella frustración crónica se resolviera. Ahora estaba en un apuro especial: su marido, que era alcohólico, había comenzado a asistir a las sesiones de Alcohólicos Anónimos y ella, como esposa suya, le estaba acompañando. En tales sesiones había experimentado una sensación de comunión más profunda que la que había vivido en la iglesia. ¿Cuál de las dos instituciones tenía razón, la iglesia o AA? ¿Y no estaban, al fin y al cabo, los principios de AA fundamentados en la Biblia? Se sentía desesperada. ¿Qué era lo que Dios quería que hiciese? De hecho, era Dios quien le había dicho que fuera a ver al sacerdote. En algún momento de la primera entrevista se produjo el siguiente diálogo, que parece más una evasión que un encuentro:

MUJER.— Pensaba que hablando con usted, podría darme una respuesta.

SACERDOTE.— ¿Y ahora no está muy segura de que esto sea así?

MUJER.— ¿Qué?

SACERDOTE.— ¿No está segura de que yo tenga la respuesta?

MUJER.— Yo misma puedo encontrar la respuesta; Dios tiene todas las respuestas.

La mujer insiste en utilizar símbolos religiosos y espera que el sacerdote se una a ella en este lenguaje. Pero él no lo hace. Elude la cuestión, y le recuerda con cierto enojo el papel de autoridad en que se le ha puesto. La mujer sigue adelante con la esperanza de que el sacerdote demuestre ser un hombre de Dios. En una entrevista posterior, ella sigue en la misma actitud con creciente intensidad. Cuánto más elude el sacerdote estas cuestiones, mayores son los ataques de ella. Sin ninguna sumisión, la mujer pone finalmente a prueba su sinceridad sacerdotal enamorándose perdidamente de él y diciéndoselo, lo cual le resulta a él bastante embarazoso. Esto conduce a una separación bastante abrupta y ella se echa, al parecer sin reparos, en los brazos de AA. En su deseo de ser consejero el joven se negó a ser sacerdote. Fue también incapaz de actuar como sacerdote puesto que él mismo estaba «emponzoñado», por así decirlo, por la intensa ansiedad de la mujer. Nunca entendió lo que aquella mujer buscaba en él.

Este caso nos da ocasión de plantear algunas solemnes preguntas. ¿Indica acaso el uso por parte del cliente de lenguaje simbólico una conducta un tanto superficial? En ocasiones sí. Con el pastor se habla de fe, de Dios y de reglas para la vida, igual que con el psiquiatra se habla de ira, de sexo y de los intensos sentimientos que persisten desde la infancia. En este caso concreto, ¿podría tratarse de una muestra de la jerga de Alcohólicos Anónimos? Podría ser, pero esto

La diagnosis pastoral

es precisamente lo que la propia mujer parecía cuestionar. ¿Podría la utilización de lenguaje simbólico ser una manera de dar a entender un deseo de que se le respondiera en el mismo sentido? Posiblemente, pero ¿qué hay de malo en ello, especialmente si la persona encuentra alguna profundidad o relevancia en tal lenguaje (que, por otra parte, es el que utilizaban los santos)? ¿Y no podría tratarse de un acto completamente espontáneo, sin ninguna consideración táctica o estratégica, como una afirmación directa de la propia condición de criatura, o de la fe, crianza, o sentimientos más profundos de la persona en cuestión? Por supuesto que puede serlo. Sin embargo, no sabremos con cuánta frecuencia se da esta espontaneidad religiosa a menos que le demos una justa oportunidad al lenguaje que la expresa. Sin duda el consejero pastoral ha de ser astuto como una serpiente e inocente como una paloma; ambas actitudes son necesarias en su tarea de diagnóstico, como en todas las profesiones de ayuda.

Este caso plantea también otras cuestiones. Todavía no he mencionado que el joven sacerdote solicitó una consulta psiquiátrica después de que la mujer le dijera que se había enamorado de él. En esta entrevista se habló de la reticencia del sacerdote a actuar como tal, y en aquel contexto éste consideró también que había que remitir el caso a un psiquiatra. Cuando le preguntaron por qué, él hizo hincapié en las dificultades del caso, la seriedad del desorden de la mujer, su propia ansiedad que le descalificaba como consejero, y la gran maestría que era necesaria para ayudarla. Al encuadrar el tratamiento para el propio sacerdote, el consultor consideró innecesario remitir a la mujer a otro especialista, e incluso opinaba que hacerlo representaría plantear el asunto de un modo engañoso. La mujer había solicitado dirección pastoral, ¿quiénes éramos nosotros, sacerdote y consultor, para hablarle desde otra perspectiva? Incluso la Oficina de Buenas Prácticas Comerciales (Better Business Bureau) se hubiera opuesto a tal decisión.

En este punto quiero también hacer una advertencia contra los posibles abusos del lenguaje que yo mismo he propuesto en el Capítulo 5, cuando he planteado diversas variables de diagnóstico. He introducido algunas palabras clave, como por ejemplo comunión, fe, gracia. Estas palabras tan antiguas han llegado a ser muy ricas en significados por los muchos siglos de uso. Son, por no decir más, palabras bastante religiosas. La mayoría de ellas son bastante teológicas en el sentido de que aparecen como títulos de capítulo en libros de dogmática y

El lenguaje en la relación pastoral

han suscitado preguntas y respuestas en los catecismos. Y ahí radica precisamente su peligro.

Puede que algunos pastores tengan tal afición a estas palabras que quieran salpicar con ellas sus conversaciones de diagnóstico. Estas son exactamente las palabras que corresponden al despacho de una iglesia, dirán. Puede que hasta se sientan agradecidos por el hecho de que, en este caso, un consultor de psicología haya defendido su uso por parte de los pastores. Mi respuesta a estas manifestaciones es que ¡no abogo en absoluto por el uso de estas palabras en las conversaciones de diagnóstico! Un trabajador social no usa la expresión «rivalidad entre hermanos» con su cliente, sencillamente le hace preguntas respecto a los sentimientos que experimenta hacia sus hermanos y hermanas. Los psicoanalistas no mencionan explícitamente el «complejo de Edipo» sino que intentan que sus pacientes perciban si experimentan o no sentimientos eróticos hacia sus padres. Y por ello, escuchando atentamente a su feligrés, el pastor puede captar en él tonalidades de gratitud o, mediante una ingeniosa conversación, preguntarle si ha conseguido perdonarse a sí mismo por algún fracaso, sin tener que pronunciar la palabra «gracia». Ha de evitarse tanto el literalismo como el fundamentalismo en el uso de estas palabras.

Es posible que otros pastores consideren las palabras clave que he utilizado como útiles indicadores para distribuir las distintas fases del proceso de diagnóstico pastoral. Y, en un intento de ser ordenados, puede que se les ocurra apartar los primeros diez minutos de la segunda entrevista para una exposición sobre la gracia, seguidos de otros quince acerca del arrepentimiento. Este acercamiento literal y metódico, que equivale a convertir mis consejos en un procedimiento organizado, sería una burda distorsión de mi intención. Es cierto que en medicina el médico practica sus exámenes físicos de un modo ordenado, examinando paso a paso el sistema respiratorio, el aparato digestivo, el sistema endocrino etc., marcando concretamente cada una de las observaciones en un formulario impreso para el examen en cuestión. Nada semejante encaja en el proceso de diagnóstico pastoral. Las palabras que he propuesto no han de considerarse como los puntos numerados de un protocolo imaginario que uno se siente obligado a seguir.

¿En qué sentido son entonces clave, o llave, las palabras que he propuesto? ¿Acaso no sirven las llaves para abrir algo? Sí y no. Las llaves se usan tanto para abrir como para cerrar. Cuando una conversación

La diagnosis pastoral

de diagnóstico pastoral se satura de jerga teológica, ha llegado el momento de cerrar esta puerta y conformarse con hablar acerca de lo que el feligrés hace, siente o quiere concretamente en la esfera de sus relaciones diarias en casa o en el trabajo. Si, por otro lado, en una conversación de diagnóstico llama la atención la persistente ausencia de cualquier alusión, aunque sea encubierta, a la santa influencia bajo la que trabaja el pastor (y bajo la que el feligrés se siente libre para buscar su consejo), ha llegado el momento de abrir la puerta para algún encuentro con lo trascendente. Sin embargo, ni siquiera esto requiere que el pastor utilice explícitamente palabras como vocación, comunión o providencia en su discurso.

Si el feligrés utiliza de manera espontánea al menos una de las palabras clave en su conversación, el pastor puede tácitamente observar este hecho y del mismo modo procurar interpretarlo. Momentáneamente puede sintonizar con el uso de la palabra por parte del feligrés y utilizar la ocasión para realizar alguna exploración de las asociaciones y significados que tiene para él.

Las palabras que he propuesto han de estar en la mente del pastor, funcionando como directrices para su diagnóstico y como principios organizadores de sus observaciones. En un grado menor, pueden ponerle sobre alerta respecto a dimensiones de experiencia que hasta aquel momento no hayan salido a la luz, y que podría ser conveniente utilizar para la discusión. En cualquier proceso de diagnóstico existe una atención selectiva así como también una selectiva falta de atención. Las palabras clave y el relajado esquema que éstas forman en la mente del diagnosticador le alertan acerca de cosas que se han pasado por alto, que se han olvidado, o de dimensiones de experiencia poco evidentes y le ayudan a cubrir cierto terreno.

Presento estas advertencias respecto al uso y abuso de mis propias palabras con cierta insistencia, puesto que el sentido del orden y una dedicación, con frecuencia prematura, a las «herramientas» suele adjudicar a estas palabras el estatus de absoluto. O empujan al que las utiliza a considerarlas como entidades reales y concretas, que forman la verdadera «esencia» de la propia esfera de interés. Algo así es lo que le ha sucedido a la identidad, duda, confianza, vergüenza, etc. de Erkson.[38] El listado de estas palabras en tablas y diagramas de progresión del desarrollo sugiere superficialmente que éstas son tan específicas a ciertos niveles de edad como, digamos, la adquisición de las características sexuales secundarias en la pubertad. Nada más lejos de la verdad. Estas palabras representan cuestiones perennes cuya relevancia va desde el nacimiento hasta la muerte, pero sus significados, importancia y combinaciones varían mucho con cada individuo. Su dimensión longitudinal, subrayémoslo, solo nos da un punto de contacto con su complejidad.

Precisamente porque la tarea pastoral tiene un sentido holístico, acorde con el enorme alcance de la perspectiva teológica, los pastores han de tener cuidado para no agotarse en las nimiedades del método. No han de esclavizarse a las palabras, ni sucumbir a la compulsión de exhaustividad utilizando listas de control protocolario. Lo que cuenta en términos de diagnóstico es la valoración de una imagen, la captación de una idea general que, si ha de ser verbal, sea concisa y certera más que laboriosa y densa.

8

Razones para remitir al especialista

De aquí en adelante podemos dejar que nuestra fantasía vuele libremente. Supongamos que, llegados aquí, la mujer que se describe en el capítulo anterior ha ido a la consulta de un psiquiatra. Probablemente haya dicho algo respecto a que solicitó consejo sacerdotal y que tal experiencia, que resultó frustrante, le hizo ver que debe de padecer alguna enorme dolencia no identificada. Puede que el psiquiatra, aceptando por un momento su lenguaje, haya preguntado algo respecto a la «voluntad de Dios para su vida», con la esperanza de descubrir algo esencial respecto a ella mediante esta metáfora. Puesto que el caso le ha sido remitido por un sacerdote, es muy probable que asuma que si el sacerdote consideró que sus referencias a Dios eran de dudosa autenticidad, éstas han de ser sin duda de carácter muy metafórico. Probablemente sus referencias a lo divino sean una defensa contra algunas fantasías profundas e intolerables que finalmente puso en práctica enamorándose de su consejero durante aquella desafortunada serie de entrevistas. ¡Cuán fuera de lugar! ¡Qué sintomático! ¡El joven sacerdote merece un elogio por su perspicacia al enviar a esta paciente a un psiquiatra en el momento oportuno!

Esto no es fantasía desbordada. Es únicamente una muestra de la clase de situaciones que se dan con cierta regularidad entre dos grupos de consejeros, los pastores y los psiquiatras. No lo presento como algo

La diagnosis pastoral

divertido, sino para señalar las trágicas repercusiones que tiene sobre la interacción entre estas dos profesiones y, en ocasiones, también sobre su clientela. Este tipo de situaciones sirve para perpetuar el mito de que la diferencia esencial entre la ayuda pastoral y la psiquiátrica está en el nivel de las técnicas que ofrecen estas profesiones y en el grado del trastorno que padece la persona que busca ayuda. Con ello, la especificidad profesional se reduce a una variable cuantitativa, a la que se añaden de manera implícita otras diferencias, también cuantitativas (la duración del tratamiento, los honorarios, el presunto grado de participación de la persona, y la intensidad del cambio que, se supone, va a producirse). Considero que todas estas diferencias son ficticias. Procedan de donde procedan, no se derivan de la base de conocimiento, técnica, o perspectiva singular de ninguna de las dos profesiones. No surgen tampoco de las cualidades personales de ninguna de las dos clases de profesional, ni de los posibles clientes o pacientes. A no ser que, como en el caso que se ha descrito, estas personas se conviertan en los títeres de un juego interprofesional cargado de antemano de falsas suposiciones.

Imaginémonos ahora otra serie de acontecimientos que es mucho menos frecuente, pero que, ciertamente, se producen. El psiquiatra y la mujer se vincularon en un proceso terapéutico del que el paciente obtuvo algún beneficio. Quizás comprendió mejor el papel que ella misma desempeñó en el alcoholismo de su marido; quizás aprendió a sobrellevar mejor la realidad de un problema inherentemente difícil y permanente. Puede que aprendiera a procurarse algunas satisfacciones muy necesarias, sin depender de su marido. Sintiéndose más fuerte y más competente, puede que hubiera abandonado su anterior preocupación por la voluntad de Dios. No solicitó más asesoramiento pastoral. La metáfora «voluntad de Dios» desapareció desde su conversación con el psiquiatra. Puede deducirse a partir de este resultado que el uso de símbolos religiosos por parte de las personas que buscan ayuda demuestra que el lenguaje teológico sirve para personas *in extremis* y tiene una función circunstancial. Los juramentos son otro ejemplo del mismo tipo. Con una sanidad y racionalidad en aumento, el lenguaje teológico deja paso a otra clase de lenguaje, supuestamente mejor o más claro, o más exacto.

Vamos a imaginarnos otra situación. Con la ayuda del psiquiatra, nuestra mujer ha logrado la misma mejoría general que se ha descrito antes, con la excepción de que, de vez en cuando, sigue interrogándose respecto a la voluntad de Dios en presencia de su psiquiatra, quien al observar su mejoría la envía de nuevo a un sacerdote. Reconociendo que, tras hacer por ella lo que estaba en su mano, seguía solicitando ayuda, la remite a su vez a un especialista en cuestiones de la voluntad de Dios. Para hacerlo hubiera podido basarse en distintas razones. Contento con su mejoría, es posible que el psiquiatra sintiera que ahora estaba mucho más dispuesta que antes a seguir con su búsqueda teológica y a consultar el consejo de los especialistas. Este tipo de razonamiento hace de los interrogantes teológicos y de este tipo de lenguaje algo muy especial. Para acceder a dicho carácter especial de ese lenguaje hay que cumplir una serie de criterios de disposición, madurez, salud o receptividad, dada su presunta elevación o dificultad. Ahora, hablar de Dios es como la gasolina de alto octanaje: tiene un recargo.

Otra razón para enviar a esta mujer a un sacerdote pudo ser la convicción del psiquiatra de que necesitaba un sostenimiento constante, precisamente el tipo de apoyo que ofrecen las iglesias y los pastores concebidos en su imaginación, que imparten una ayuda de buen grado, accesible, amigable, simple y económica. Es posible que el psiquiatra sintiera que ella necesitaba protección y la oportunidad de hablar con otras personas respecto a la voluntad de Dios. De modo que, básicamente, la remitió al sacerdote en busca de un ambiente especial, un lugar reconfortante, un puerto seguro que pudiera ofrecerle muchos incentivos. Este tipo de envío de pacientes de psiquiatras a pastores o iglesias se produce con bastante frecuencia. Este razonamiento implica que las conversaciones acerca de Dios y las exploraciones teológicas están bien en su debido lugar, en un entorno adecuado, y con ciertos grupos. Si alguno de nuestros pacientes insiste en estas cosas, ¿por qué reprimirlo? ¡Dejémosle que dé rienda suelta a su inocua fantasía! De hecho, puede que sea bueno para ellos, es decir, para su salud mental. Y por ello en ocasiones remitiremos algunos casos a la iglesia, convencidos de que será, de algún modo, un cambio positivo. Evidentemente, para remitir casos así el psiquiatra no tiene por qué estar en absoluto informado respecto a la especificidad de la perspectiva pastoral. Puede moverse apoyándose en vagas impresiones, contento de que la sociedad tenga huequecitos para las personas que necesitan un refugio. En esta línea de pensamiento, que considero bastante condescendiente, no se alaba ni se culpa al enfoque teológico, simplemente se utilizan algunos de sus símbolos

La diagnosis pastoral

de un modo oportunista. Está situado en una esfera o pequeño país cuyas fronteras no tenemos nunca necesidad de cruzar. Al pastor objeto de tales intercambios de pacientes casi se le pone en el papel de un agente de viajes al que se le pide que haga una reserva para una encantadora ancianita en la Isla Esmeralda, con sus encantadoras y singulares costumbres.

Se me ocurre una razón más para explicar el envío de esta mujer al sacerdote. Nuestra paciente está agradecida al psiquiatra por la ayuda que ha recibido. No siente que su vida sea ahora más fácil o que pueda sobrellevar mejor sus problemas, pero ahora es más consciente de su propia complejidad. Lo que al principio parecía un problema bastante simple se ha convertido ahora en su mente en una dificultad multifacética y muy ramificada que demanda distintos enfoques. Su curiosidad respecto a su vida no se ha aquietado sino que ha sido intensamente estimulada. Sin ambages, le dice al psiquiatra que ahora está más interesada que nunca en la voluntad de Dios para su vida. De hecho, ahora tiene algunas incisivas preguntas al respecto que quiere comentar con un experto. Atentamente, el psiquiatra le ayuda a contactar con el sacerdote. O con un animado sentido de amabilidad y convicción, es posible que le pregunte: «¿Conoces al padre fulano de tal que está en la Iglesia de San...? He oído hablar muy bien de él. Ha ayudado a algunos de mi pacientes». En otras palabras, está haciendo una recomendación positiva para un propósito específico: ayuda a la mujer a encontrar al mejor experto posible porque valora o respeta sus preocupaciones teológicas. De hecho, le pide permiso para llamar al sacerdote a fin de preparar el camino y compartir con él algunas de las cosas de las que han hablado.

Lo que estoy intentando describir ahora es un intencionado, respetuoso y competente envío de un caso de un experto a otro, un traspaso impecable sin actitudes condescendientes, sin denigrar al paciente y sin ponerse por encima del otro profesional. Este psiquiatra conoce su oficio: tiene un punto de vista complejo acerca de la personalidad, respeta los derechos de sus pacientes, valora a sus colegas de las otras profesiones de ayuda y desea que sus pacientes crezcan más allá del nivel que él les ha ayudado a conseguir. Es capaz de pensar de un modo multidimensional y asume que otros profesionales pueden hacerlo también. Orgulloso de la competencia que ha conseguido dentro de su campo y seguro de su disciplina, recurre de inmediato a las posibilidades de otras perspectivas cuando sus pacientes las necesitan o las piden.

Después de todas estas fantasías, es posible que nos hagamos una pregunta práctica: ¿No le corresponde al cliente o paciente la tarea de buscar los recursos que considere oportunos en su comunidad? ¿Por qué estos traspasos? ¿No es el propio cliente o paciente su mejor agente, libre de buscar lo que quiera, allí donde pueda encontrarlo? De entrada, contestaría que sí a estas preguntas, pero añadiría de inmediato una importante advertencia: las personas con problemas se sienten con frecuencia desorientadas y puede que al principio no sepan lo que quieren. Pueden cambiar de opinión repetidamente acerca de lo que quieren. Y aparte de saber lo que se quiere, el propio proceso de buscar ayuda es difícil y requiere valor.

Tal búsqueda conlleva un testimonio de la propia derrota, el reconocimiento de problemas y quizá una dolorosa exposición de ciertas cosas que uno preferiría no revelar. El proceso de buscar ayuda se hace aún más difícil por la kafkiana organización de las profesiones de ayuda y de las agencias de muchas comunidades, que hacen que la pregunta de dónde ir en busca de ayuda sea tan difícil de responder que el primer y débil impulso para buscarla se vea con frecuencia frustrado. El frágil brote muere en la vid.

Peor aún, entre los propios consejeros puede encontrarse un considerable provincianismo, autoritarismo o reduccionismo. Cualquiera de estas cosas puede forzar, incluso al cliente más maduro y consciente de que su problema es multifacético, a estancarse en una lógica simplista en la que puede quedar atrapado. También, y por las mismas causas, puede suceder lo contrario. El cliente se ve incesantemente pasando de un consejero a otro como una pelota, sin que se resuelva su problema. Hay una expresión descriptiva utilizada en los círculos de la Seguridad Social que suscita una pregunta intrigante: «familias multiproblemáticas». La pregunta es, ¿dónde reside la multiplicidad de problemas? ¿Está en el cliente o en los posibles consejeros? La expresión pluraliza el problema de una familia, situándola en una categoría especial de situaciones casi irresolubles. Sin embargo el problema de esta familia puede ser exclusivamente uno —por ejemplo una terrible pobreza— en el que inciden muchas perspectivas. Por ello, la desconcertante multiplicidad de las propias agencias de ayuda y su típica falta de coordinación se proyecta sobre la familia, con una nota más o menos acusatoria. En efecto, las agencias de ayuda imponen al cliente su propia fragmentación.

La diagnosis pastoral

No es de extrañar, por tanto, que los pacientes no siempre sepan dónde tienen que ir para encontrar la ayuda que buscan, y que una parte esencial del trabajo de muchos consejeros consista en remitir casos a otros especialistas. Sin embargo, dicha remisión no debería considerarse como el traslado de un cliente de un despacho a otro. Si las disciplinas y profesiones son perspectivas, tal y como he propuesto, ciertos problemas requieren ser valorados desde varias perspectivas a la vez. Un dato, o *datum*, determinado puede conducir a varias prehensiones simultáneas y convertirse en un patrón de varias ocasiones, en el sentido de Whitehead.

Mi razón principal para hacer hincapié en este acercamiento multidisciplinar es que los pastores están en una posición única por lo que respecta al proceso de enviar personas al especialista más adecuado. Su perspectiva tiene un grado excepcionalmente alto de viabilidad. Algunos se atreverían a decir que su perspectiva es totalmente viable y que deriva esta calidad de la omnisciencia, la omnipotencia y la omnipresencia del elemento divino del que se ocupa esta perspectiva. Yo empezaría más bien señalando que las necesidades religiosas que llevan a muchas personas con problemas a los despachos de sus pastores no son omnipresentes, pero sí muy importantes. Al parecer tienen la esperanza de enfocar y resolver sus problemas en una perspectiva teológica y pastoral, al margen de lo que puede recomendarse además.

Y por ello hemos de añadir una posibilidad más a nuestras fantasías respecto a la mujer que quería conocer la voluntad de Dios por sí misma. Es posible que esta mujer necesitara a la vez tanto ayuda pastoral como psiquiátrica. El sacerdote podría haberla enviado a un psiquiatra al tiempo que él mismo seguía viéndola. ¿Por qué? En primer lugar, porque la mujer solicitó su consejo y ayuda. Al margen de qué otras cosas solicitara o necesitara, estaba muy interesada en cuestionarse su vida desde un punto de vista teológico. Tenía todo el derecho a que se le concediera esta oportunidad, de un modo digno. En segundo lugar, porque el sacerdote fue informado por el consultor de que, por sus propias razones, había eludido el deseo de la mujer de conseguir asesoramiento sacerdotal. Por tanto, el clérigo tenía que esforzarse en un intento de reconciliarse con todas las implicaciones de su oficio. En tercer lugar, espero, porque él mismo sabía que la teología no trata con una parte de la realidad sino, siempre, con su totalidad. El sacerdote había aprendido con retraso y, sin duda, por medio de gran angustia lo que el Autodidacta de Sartre no aprendió nunca: que el conocimiento no es de carácter aditivo, sino pluralista y dependiente de múltiples perspectivas.

La conclusión es, por tanto, que existen buenas y malas razones para el intercambio de casos entre pastores y psiquiatras, en cualquiera de las dos direcciones. Existen libros sobre esta cuestión que pueden ser de gran utilidad, especialmente a los pastores que están considerando si han de enviar o no a un feligrés a un psiquiatra o agencia psiquiátrica. Sin embargo, tales obras están normalmente imbuidas de la noción de que el pastor puede sentirse «desbordado» en algunos casos difíciles. O, si no, se esfuerzan en simplificar la atareada vida del pastor mediante la advertencia de que no puede llevar a buen término cada petición de ayuda que le sale al paso. Ambos puntos son importantes y deben tomarse en serio. Sin embargo, rara vez he visto que el proceso de remitir un caso se discuta sobre la base de principios, de integridad profesional y de las expectativas del cliente, tal y como he intentado hacer mediante las ilustraciones anteriores.

Si el conocimiento y las profesiones necesitan intrínsecamente varias perspectivas, como sostengo, y si los problemas humanos tienden a ser multifacéticos, como creo que lo son, para remitir personas de una profesión de ayuda a otra hay que regirse por las siguientes consideraciones. No basta con la conveniencia, la deferencia hacia el conocimiento y competencia de otra persona, la conciencia de las propias limitaciones profesionales o personales y el reconocimiento de las necesidades más obvias del cliente. En aquel momento, aunque todas ellas son muy importantes, no son suficientes,. En el momento en que se solicita ayuda, las necesidades de la mayoría de las personas no son ya simples sino multidimensionales, y esta característica ha tenerse muy en cuenta.

\# 9

La comunidad agápica

Ahora se hace necesario regresar a la idea de la comunión, que he tratado antes como una de las variables de diagnóstico. Sigo manteniendo mi propuesta de que los pastores harían bien en explorar el sentido que tienen sus feligreses acerca de la comunión y sus sentimientos al respecto, por la luz que estas cosas pueden arrojar sobre sus problemas. Sin embargo, en una perspectiva teológica, la comunión define también el propio proceso de ayuda, y da al oficio pastoral en general una carga especial de valor. Uno de los motivos clave para que los hombres y las mujeres vean el ministerio cristiano en primer lugar como una vocación puede ser un intenso y numinoso sentido de la comunión. Una vez hayan iniciado sus carreras, este sagrado valor irradiará todos sus pensamientos y acciones. Solo es necesario un pequeño paso verbal para reunir todos estos motivos, sentimientos y valores en una palabra: una palabra que no es tanto un concepto como, al mismo tiempo, un mandamiento, una actitud, una proclamación, un estado del ser y una afirmación óntica. Esta palabra es ágape.

La comunión no es tan solo algo descriptivo, sino también prescriptivo. Desde este punto de vista, la tarea pastoral es una labor de amor que debe llevarse a cabo con competencia. Sin embargo, la tarea pastoral es también en esta perspectiva especial, por así decirlo, una cornucopia de vigorosos actos de amor, derramados con espontaneidad. Y el escenario pastoral por excelencia —la iglesia— es, por tanto, la realidad concreta de hombres y mujeres a quienes se concede tal cornucopia y donde ésta se renueva constantemente. Los que se reúnen, se reúnen para amar; los llamados son llamados para amar; los escogidos son escogidos para amar. Todos han fundirse en comunión, puesto que «Dios es amor».

En esta atmósfera mental y emocional, cualquier acto de preocupación por el otro o de aconsejamiento puede asumir características que en mi exposición, hasta este punto, habría tenido que «entrecomillar». Aunque creo personalmente que, en un sentido, toda atención pastoral es una atención providencial mediada, sé también sobre una base más objetiva que muchos pastores ven su vocación de manera singular como una respuesta al llamado divino a un oficio sagrado. En consecuencia no pueden concebir el ministerio como una profesión. La concepción del ministerio concentrada exclusivamente en el aspecto del llamamiento divino ha llevado con frecuencia a una beligerante oposición contra cualquier traza de profesionalismo, contra el ministerio «culto» y contra la misma idea de una fe razonada y razonable. Dado el carácter de mi exposición, sencillamente no tiene nada que decir —ni puede hacerlo— a los pastores de esta persuasión tan extremista.

No obstante, dejando a un lado esta posición radical, es también sabido que muchos más pastores se esfuerzan en sostener ambas perspectivas respecto a su oficio en una forma de aposición: entienden que su ministerio es tanto la respuesta a un llamado divino como una profesión que ellos mismos han escogido. Sostener esta doble convicción supone cierta tensión personal y demanda también un margen de tolerancia para la ambigüedad, puesto que en el pasado estas dos ideas fueron a menudo consideradas como antagónicas. Ciertos asuntos de actualidad en el ministerio, como la disposición de los pastores a aceptar unos salarios que no guardan relación con la duración de su educación académica, demuestran que esta ambigüedad persiste. Existe también una tolerancia excesiva por parte de algunos seminarios a las excentricidades y enfermedades mentales de algunos estudiantes de teología, lo cual impone una carga sobre las iglesias que acaban contratando a tales graduados. No es fácil sostener un punto de vista del oficio pastoral que lo concibe tanto de un modo místico o inspirado, como de un modo profesional, una concepción que combina en su justa medida la buena voluntad y la competencia.

La comunidad agápica

Sin embargo, esta dificultad supone también una bendición (si es que puede hablarse así). En momentos de tensión el pastor puede racionalizar su falta de competencia profesional escondiéndose en la zona de seguridad del llamamiento divino. No sé cómo resolver este problema histórico, pero sí sé que, por su falta de resolución, el pastor arrastra una singular ambigüedad que no existe en otras profesiones.

En cualquier caso, si esta ambigüedad inherente al oficio pastoral no alimenta en exceso la ambivalencia personal del pastor (cualquiera que sea la fuente de donde ésta emane) el sentido del llamamiento del pastor y el valor que éste asigna a la comunión bien podrían darle una perspectiva especial acerca de la idea general de la tarea pastoral que he desarrollado. Aceptando un punto de vista inspirado del llamamiento y una teología de la comunión, puede subordinar los procedimientos esenciales de su disciplina al mandamiento bíblico de amar. Su fe personal y su comisión agápica le permiten en momentos de reflexión asumir una cierta distancia de su disciplina sistemática e histórica, i.e., de la única perspectiva de su vocación.

Algunos pastores y feligreses por igual dirán que esta perspectiva especial de la fe establece duras exigencias para la aplicación de lo que prescribe. El pastorado requiere la mejor formación posible, la más deliberada adquisición de capacidades, la selección y educación de las personas más competentes, la educación más constante y diligente de los ministros graduados, la más libre interacción con otras disciplinas, la crítica más rigurosa entre compañeros y las metas más ambiciosas para la formación teológica. Sin ninguna duda, me posiciono a favor de todos estos planteamientos. Sin embargo, no asumo que la consecución de estas metas resuelva el asunto de una vez por todas. La perspectiva de la fe que prescribe la alimentación de la comunión pone de relieve un dato imposible de analizar y que solo puedo describir como *espontaneidad*. Creo que la espontaneidad es divina. Sin ella no podemos tener una concepción del universo como proceso. Para mí, al margen de lo que pueda ser Dios, la espontaneidad define su esencia. Sin embargo, en el nivel humano, la espontaneidad es algo paradójico. Puedes experimentarla, pero no promoverla. Si la ensalzas, es señal de que la has perdido. Puedes fracasar miserablemente en tu deseo de ser espontáneo. Si celebras la espontaneidad, es probable que caigas presa de una compulsión. ¡Auténticas «fiestas de locos»! [39]

Y por ello el equilibrio entre el ministerio como llamamiento y el ministerio como profesión puede depender de otro contrapeso: los

La diagnosis pastoral

fugaces equilibrios entre la espontaneidad y la competencia. No puedo ni quiero sistematizar mis pensamientos acerca de esta cuestión. Sin embargo, puedo jugar con una imagen, la imagen de un pastor que se acerca a las personas y las ama.

Visitará a las personas para demostrar la comunión y cultivarla. En su aconsejamiento buscará comunión, y se esforzará en arraigar en la comunión a los enfermos, pobres, encarcelados, enlutados y oprimidos. Y asumirá que las personas con las que se encuentra, aquellas que le buscan, las que llaman a la puerta de su despacho o le reclaman en su casa por la noche, están esencialmente buscando aceptación en una comunidad de amor. Reconocerá que las personas no siempre se acercan a él en busca de ayuda o consejo, no siempre le buscan como experto en la resolución de problemas, no vienen únicamente para relajarse, ni quieren simplemente que sea el maestro de ceremonias de sus celebraciones. Pregúntale a este pastor qué es lo que quieren las personas y te dirá que, por encima de todo, lo que quieren es comunión. Quieren amar y ser amados, y saber qué es el amor, por medio de encuentros con sus pastores en la comunión de su iglesia.

No tengo nada que decir respecto a este punto de vista elevado y noble, excepto que también ha de ser probado en el crisol del pensamiento de diagnóstico. Según el apóstol Juan, incluso los espíritus han de probarse.

10

Algunas aplicaciones pastorales

De todo lo que he dicho hasta aquí debería deducirse claramente que no soy pastor ni trabajo bajo los auspicios de ninguna iglesia. Por ello no puedo de ningún modo aplicar mis propuestas al trabajo que hago, ni puedo tampoco probar su viabilidad en mis contactos de diagnóstico con los pacientes. Soy un psicólogo que trabaja en una institución psiquiátrica secular, que no se debe a ningún grupo de fe, ni está atado a ninguna imagen teológica del hombre. En un sentido amplio mi principal preocupación es el funcionamiento interdisciplinario de las profesiones de ayuda, y solo pertenezco a una. Esta última condición establece unos límites muy estrictos a mis propios proyectos si quiero ser fiel al esquema de múltiples perspectivas necesarias que he planteado.

Más en concreto, he planteado la cuestión acerca del modo en que se puede conseguir una adecuada riqueza en los esfuerzos interdisciplinarios de ayuda. Como respuesta ofrezco la óptima integridad y la autenticidad de cada una de las profesiones. Esta respuesta consiste en una doble tesis: (1) que cada profesión debe ser muy consciente de cuál es su propia base de conocimiento y las características de la ciencia aplicada correspondiente, y utilizar sus técnicas con suma competencia; (2) que el trabajo interdisciplinar es superior a los acercamientos de una sola disciplina solo cuando se aporta a él la especificidad de cada una de las disciplinas que participan en un proceso de contribución o colaboración. Esto conduce a un

La diagnosis pastoral

conocimiento acumulativo que lleva a su vez a la comprensión de un todo más extenso e intrincado de lo que cada una de las disciplinas por separado es capaz de asumir. Este acercamiento interdisciplinar requiere, como he defendido, una determinación de agudizar las diferencias de cada una de las disciplinas en lugar de nivelarlas. Solo de este modo puede adquirirse un claro entendimiento. Solo de este modo puede darse una respuesta digna a las verdaderas y múltiples necesidades de los clientes o pacientes. Solo de este modo la práctica interdisciplinar es apasionante y estimulante. Solo de este modo podemos prevalecer contra la confusión y difusión de la identidad. Solo de este modo podemos hacer que tenga sentido el tópico de que «dos mentes son mejor que una».

De modo que he de dejar que sean los pastores —y solo los pastores— quienes ajusten mis sugerencias y las pongan a prueba en sus diversas prácticas. No puedo juzgar todavía la verdadera medida de su valor (al menos no empíricamente). Solo desde la práctica pastoral puede ponerse a prueba su eficacia, intentando aplicar estas ideas a las diversas situaciones de trabajo y descubriendo si se sienten bien con su aplicación y si son útiles en la práctica.

Lo ideal sería, por tanto, que fueran los pastores quienes escribieran nuevos libros y artículos acerca de «La diagnosis pastoral», a fin de confirmar o contradecir, aceptar o rechazar, modificar o dejar intactas mis propuestas. Sin embargo, este es un proceso que requiere mucho tiempo. Pedirle al lector de este libro que esperase a su finalización, o incluso a sus primeros resultados, sería injusto.

Varios de mis amigos, todos ellos pastores, han estado dispuestos a iniciar el necesario proceso de verificación. Con su permiso compartiré ahora con el lector sus primeros intentos de poner en práctica una manera de entrevistar y de informar que se desarrolla a partir de las directrices de diagnóstico pastoral descritas en el capítulo cinco. Los fragmentos de casos e ilustraciones que siguen son esfuerzos informales casi furtivos de «mirar y ver» dónde nos llevarían las entrevistas de diagnóstico pastoral si, conceptualmente, fueran dirigidas en la mente del entrevistador por las variables que he propuesto. ¿Cómo podrían formularse los resultados? ¿Cómo podrían éstos transmitirse a los miembros de otras disciplinas?

Los tres primeros casos que se presentan proceden de la experiencia de un pastor de mediana edad, que pastorea una congregación relativamente pequeña pero vital en una ciudad mediana. Su iglesia

Algunas aplicaciones pastorales

está muy cerca del campus de una universidad. Por esta razón, tiene bastantes miembros jóvenes y a la reunión dominical asiste una proporción de estudiantes quizá poco normal, aunque solo ocasionalmente. El pastor es el único ministro de esta iglesia. Por su carácter afable, honradez y dedicación le visitan muchas personas que buscan ayuda con una gran variedad de problemas de carácter personal. No se ha especializado como consejero; su visión y capacidades como tal las ha desarrollado a partir de su interés personal y su formación teológica estándar, unido a años de aprendizaje práctico en un ministerio amplio y diversificado.

Caso 1:
Alberto, un universitario con remordimientos

Una mañana, mientras visitaba una clase de la escuela de la iglesia, recibí una nota diciendo que un joven quería verme urgentemente. Cuando salí al vestíbulo, el hombre me explicó que tenía una problema personal urgente y que quería hablar conmigo al respecto lo antes posible. Se trata de un muchacho de 20 años, de aspecto un tanto llamativo y que cursa su tercer año en la universidad local. Acordamos vernos en mi despacho aquella tarde. En nuestra visita, declaró que estaba profundamente alterado y que era incapaz de concentrarse en los estudios porque su novia había decidido terminar su relación.

Alberto es un líder activo en su asociación estudiantil, y procede de una familia de clase media alta que vive en una ciudad más grande de las inmediaciones. Conduce un deportivo caro y concede mucha importancia a la seguridad económica; va a comenzar sus estudios en la facultad de derecho. Al parecer, su familia está bastante integrada en su iglesia local, y el propio Alberto ha venido alguna vez a nuestra reunión del domingo por la mañana, aunque no es miembro de la congregación. Durante más de un año ha estado saliendo con una chica muy popular que forma parte del consejo estudiantil de la misma universidad. No se ha planteado un matrimonio inmediato porque piensa entrar en la facultad de derecho. Alberto se sentía ahora dividido, dijo, entre la necesidad de dedicarse a los estudios a fin de conseguir las buenas notas necesarias para sus planes a largo plazo y la de dedicar tiempo y energía a intentar resolver la crisis de su relación con la chica en cuestión.

La diagnosis pastoral

Dijo que se sentía abatido y rechazado por lo que ella había hecho. Está angustiado por la decisión que ha tomado ella de salir con un estudiante mayor, por quien ha mostrado preferencia tras insistir el propio Alberto en que tenía que escoger. La ha llamado constantemente durante las últimas dos semanas, llegando incluso a interrumpirla tres veces durante una importante reunión de la asociación femenina, en un deseo de salvar la relación o forzarla a tomar una decisión acerca de él. Ahora que ha decidido salir con el otro estudiante, Alberto está confundido respecto a lo que ella puede ver en él. Sospecha que están teniendo relaciones sexuales, puesto que sabe —dijo— que pasan bastante tiempo en el apartamento de él.

Alberto me dijo que había tenido relaciones sexuales con ella por espacio de casi un año. La base de tales relaciones era su profundo amor por ella. En un comienzo fue él quien tomó la iniciativa con insistencia y más adelante también ella comenzó a participar activamente. Ahora cree que puesto que tal intimidad sexual no surgió de un amor recíproco conducente al matrimonio, debió de haberse basado en una ilusión y no fue una «buena decisión». Alberto rememoró un incidente ocurrido un atardecer de verano en que él fue a visitarla. Cuando se vieron, se abrazaron apasionadamente; él la condujo hasta un lugar apartado y tuvieron una relación sexual. Bastante emocionado, me contó que después ella había llorado desconsoladamente durante largo rato. Él, por su parte, había sentido que aquella había sido una relación sexual «sucia»; se había engañado a sí mismo y había «ofendido a Dios». Se fue solo al campo y oró desesperadamente durante una hora, sin experimentar ninguna paz al respecto.

El hecho en sí de que Alberto hubiera venido a verme, a pesar de que solo me conocía de un modo superficial, me hizo pensar que sentía la necesidad de valorar su problema desde una perspectiva religiosa o pastoral. La intensidad emocional con la que se refirió al sentido de pecado que experimentó por el carácter egoísta de aquella relación sexual, confirmó esta intuición. Intenté ayudar a Alberto a clarificar sus profundos sentimientos y pensamientos, hablando con él del impacto que había tenido el rechazo de la chica sobre sus sentimientos de autoestima. Consideramos la posibilidad de que, aunque en el ambiente universitario las relaciones sexuales prematrimoniales fueran un signo de «modernidad», en lo profundo

Algunas aplicaciones pastorales

de su ser él parecía sentir que lo que había hecho no estaba bien. Sentía remordimientos por haber presionado a la chica hacia las relaciones sexuales, y sospechaba que su agresividad en este aspecto había menoscabado el amor y el respeto que habían sido una parte vital de su anterior relación. ¿Es posible que ella se hubiera sentido tratada únicamente como un objeto sexual y no como un precioso ser humano de gran valor ante Dios? Alberto expresó un creciente pesar por su comportamiento; en un momento posterior de la conversación se acercó mucho a un reconocimiento de que su proceder era pecaminoso, intentando al parecer establecer una interpretación teológica de sus actitudes. Al final, no obstante, acabó experimentando un claro sentido de arrepentimiento que no solo se dolía por lo que había hecho sino que le llevaba también a tomar la decisión de obrar de manera distinta en el futuro.

En vista del incipiente sentido de pecado y arrepentimiento de Alberto, no parecía muy apropiado hablarle explícitamente de la gracia perdonadora de Dios sino más bien de su amoroso y providencial interés en toda su vida. Alberto lo captó y lo expresó hablando de los elementos positivos de su amistad con la chica y contrastando sus sentimientos de impureza con otros de agradecimiento. Le recordé que el camino hacia una nueva armonía con Dios y hacia un nuevo sentido de pureza y respeto por sí mismo no pasaba simplemente por arrepentirse de las cosas pasadas, sino más bien —y más importante— por tomar la decisión de no permitir que su agresividad sexual menoscabara otras relaciones en el futuro. Esta parte de la discusión tuvo un efecto calmante sobre Alberto, lo cual era un indicio de que exponer claramente lo negativo de su acción era mejor que dejar sus pensamientos y sentimientos en un estado impreciso y desconcertante.

Aunque Alberto hablaba de una fe personal, de lo cual daba testimonio su oración en el campo, se trataba esencialmente de una dimensión muy particular de su vida. Si esta fe se hubiera desarrollado en el marco de una mayor comunión con otros creyentes, Alberto podría haber recibido ayuda para entender de un modo más completo las implicaciones sociales de aquella fe. En aquel momento, Alberto parecía encontrar su principal sentido de la comunión de un modo secular, en sus compañeros de la asociación estudiantil. Sin embargo, al buscar ayuda pastoral estaba también expresando cierto anhelo de restaurar su vínculo con otros creyentes, quizá incluso de situarse bajo su tutela espiritual con el fin de mantener sus valores esenciales.

No obstante, su crisis actual ponía de relieve una profunda desconexión en su sistema de valores. Si bien tenía cierto sentido de reverencia y de respeto hacia un Dios a quien podía recurrir en oración personal, y a quien también podía acercarse por medio de un pastor, Alberto estaba bastante contento de haberse conocido. Su punto de vista de la vida estaba muy centrado en sí mismo y sus relaciones con los demás parecían mayormente orientadas a la consecución de sus propias satisfacciones.

Oré con él, reconociendo nuestra humana necesidad de amar y ser amados, nuestras intensas pasiones sexuales, nuestras tentaciones a ser egoístas, nuestra capacidad de aprender de los errores, y pedí el perdón y la ayuda de Dios para relacionarnos con otras personas con una actitud humanitaria. Hablamos por espacio de unas dos horas. Alberto expresó gratitud por mi oración y desde aquella ocasión me saluda muy efusivamente cuando nos encontramos. Ha venido dos veces a la reunión de adoración de la iglesia. Creo que su búsqueda de luz pastoral para su problema le aportó cierto grado de liberación de la servidumbre de su egoísmo y le ayudó a emprender el camino hacia un futuro más prometedor, con una sensibilidad mayor hacia los demás y hacia sí mismo. Sin embargo, sigue teniendo todavía un considerable trecho por delante.

Caso 2:
Isabel, una «adúltera» muy apesadumbrada, enviada por su psiquiatra

Aunque Isabel había venido durante algún tiempo de visita a mi iglesia, la entrevista pastoral que me solicitó se produjo a instancias de su psiquiatra. Isabel es una mujer de unos veinticinco años, de aspecto atractivo, procedente de una iglesia rural y con formación universitaria. Un tiempo atrás, cuando estaba trabajando para ayudar a su marido a terminar el bachillerato, su hija de edad preescolar estuvo viniendo a la guardería de la iglesia. Este contacto hizo también que la familia viniese ocasionalmente a la reunión dominical de la iglesia.

Una mañana, Isabel me llamó a la iglesia y solicitó una entrevista para tratar «un importante problema personal».

Algunas aplicaciones pastorales

Cuando nos encontramos al día siguiente, me explicó que su divorcio, iniciado por su marido algún tiempo atrás, se había hecho definitivo, y que ahora estaba visitando a un psiquiatra para que le ayudara en el proceso de adaptación. En este momento ha iniciado estudios universitarios de postgrado que le permitan acceder a un trabajo mejor remunerado con el que pueda sostener a su hija, cuya custodia le ha correspondido. Actualmente le es muy difícil concentrarse en los estudios, dormir por la noche y hacer planes para el futuro. Siente la carga de un abrumador sentido de culpa, que tiene un efecto paralizador en toda su vida. A pesar de lo mucho que lo ha intentado no puede librarse del poder de estos sentimientos de culpabilidad, y el psiquiatra le ha propuesto que hable de este aspecto de la situación con un ministro. Me siento muy animado con esta proposición para que Isabel participe de una conversación pastoral con un específico enfoque religioso.

Isabel no ocultó su convicción de que se consideraba la culpable del divorcio. Cuando sus padres habían intentado echarle las culpas a su ex marido, les había dicho la verdad, a saber, que había tenido una aventura amorosa con otro hombre y que esa fue la verdadera causa del fracaso matrimonial. Aunque ella y su ex marido habían disfrutado de un matrimonio bastante satisfactorio, la preocupación de él con sus estudios la había dejado a ella muy sola y vulnerable a las atenciones de un hombre casado con el que trabajaba. Creía que aquella aventura era moralmente errónea y la causante de las dolorosas consecuencias que ahora padecía. Sentía que había «pecado contra Dios», que merecía un castigo y que necesitaba el perdón, pero dudaba de poder obtenerlo.

Tuve la sensación de que Isabel tenía una clara conciencia de la santidad de Dios, y de que ello intensificaba sus sentimientos de culpa por lo que había hecho. Su sentido de culpa era vívido, intenso e insistente. Asumía sin reservas toda la responsabilidad de su fracaso matrimonial, y ello hasta el punto de exculpar a su marido de su parte en permitir que las cosas llegaran donde llegaron. Era evidente que estaba muy arrepentida y que se castigaba a sí misma con el insomnio y con su agitación interior. De modo que la ayudé a explorar las dimensiones de responsabilidad que también su ex marido tenía en la situación, y la naturaleza de sus sentimientos de pecado. Sintiendo su incapacidad para aceptar la gracia perdonadora de Dios, pensé que necesitaba las palabras

La diagnosis pastoral

de un pastor como «hombre de Dios» para llevarla más allá de la confesión de su pecado a su restauración en la gracia. Le recordé que la fe en Dios consiste no solo en hacer lo bueno, sino también en aceptar su amor por nosotros, por grandes que puedan ser nuestros fracasos. Recordamos que el hecho de que Dios mandara a su Hijo era un claro signo de su inquebrantable amor por cada ser humano. La llevé al relato de la mujer sorprendida en adulterio (Juan 8:3-11), a quien Jesús no había condenado, sino dejado en libertad con la admonición de no pecar de nuevo. Apliqué el significado de esta historia a su vida diciéndole que, aunque Dios no aprobaba lo que había hecho, su deseo último no era que siguiera condenándose a sí misma sino que recobrara la vida. La alenté en su lucha por encontrar una nueva vida y le hice ver que, si era necesaria alguna forma de castigo, ella se había ya castigado bastante. En vista de su sincero arrepentimiento le aseguré que Dios le ofrecía el don de un perdón total para que pudiera ser libre del poder del pecado y de los sentimientos de culpabilidad, pasando a la vida plena a la que estaba destinada en Cristo.

En respuesta al relato bíblico de Juan, Isabel se identificó con la mujer sorprendida en adulterio, y rompió a llorar ante la certeza de que la voluntad de Dios no era otra cosa que su libertad. Cuando oyó las palabras de perdón en términos relacionados directamente con el contenido de su fe religiosa, y pronunciadas por una autoridad religiosa, se sintió muy aliviada y agradecida. Era evidente que Isabel confiaba en mí, como un tiempo atrás había confiado en la guardería de la iglesia para traer a su hija. Sin embargo, le había sido muy difícil experimentar un sentido de la providencia, el tierno cuidado y la dirección de Dios en estos dolorosos acontecimientos de su vida. Tengo la sospecha de que su relación relativamente distante con una comunidad de fe y de amor le hicieron muy difícil poder apreciar la providencia por medio de otras personas que compartieran con ella su fe y le hicieran notar «la otra cara de Dios».

Isabel y yo oramos juntos elevando a Dios sus abrumadores sentimientos de culpa, dándole las gracias por su poder para destruir tales sentimientos y para librarla de ellos. Oré para que Dios la llenara de un nuevo sentido de bienestar y de su amorosa y perdonadora presencia. Isabel dijo que se sentía muy aliviada y que valoraba profundamente nuestra entrevista. Una semana o

Algunas aplicaciones pastorales

dos más tarde, vino con su hija a la reunión de adoración. Y seis semanas después, la llamé para ver cómo estaba. Me dijo que se encontraba mucho mejor y que nuestra entrevista había sido muy provechosa.

El hecho de que esta mujer estuviera también bajo atención psiquiátrica y de que el psiquiatra la hubiera remitido específicamente a mí, incrementó mi sentido de la responsabilidad como consejero religioso. Me capacitó para utilizar mis especiales recursos pastorales, hasta el punto de poder «proclamar las buenas nuevas» y de ver el problema de Isabel, al menos en parte, como ejemplo de una fe distorsionada. En esencia, aquella mujer había asumido el papel de Dios, castigándose de un modo más severo de lo que, en Cristo, era necesario.

Caso 3:
Marta: enlutada y aterrorizada

Marta es una mujer muy inteligente; madre de varios hijos, con una larga historia de estados depresivos. La conozco desde hace varios años porque es miembro activa de mi iglesia, siempre dispuesta a ayudar. En ocasiones se ofrece a cuidar niños en su casa. Ha estado hospitalizada por razones psiquiátricas en dos ocasiones, una hacia el final de su adolescencia y la otra hace unos diez años. Marta es muy consciente de su fuerte tendencia a experimentar altibajos emocionales (en especial estados depresivos). Ha sabido recurrir de un modo apropiado al apoyo de los miembros de la iglesia y de mi atención pastoral, que le han servido de ayuda a lo largo de sus épocas de depresión.

Muy recientemente perdió a su marido a causa de un cáncer, tras un doloroso año de intenso tratamiento médico y de un progresivo empeoramiento de la enfermedad. Las personas cercanas a Marta, como sus padres, temían que la muerte de su marido precipitara un episodio de depresión severa. Antes de que su marido falleciera, Marta comenzó a trabajar con su dolor, y durante este periodo yo mantuve una estrecha relación pastoral con ella. Una mañana, dos semanas después de la muerte de su marido, me encontré con Marta en la iglesia, donde desarrollaba una labor de voluntariado. Estaba muy nerviosa y parecía moverse y actuar con una profunda incertidumbre y experimentando temblores físicos. La invité a entrar en mi despacho para tomar un vaso de chocolate y hablar de

La diagnosis pastoral

lo que le sucedía.

Describía sus sentimientos depresivos diciendo que le habían hecho caer progresiva y drásticamente desde la muerte de su marido. Las cuestiones prácticas como el pago del seguro y otros asuntos económicos se habían resuelto razonablemente bien; su familia la amaba, y sentía que tenía muchos amigos que la apoyaban en la iglesia. Sin embargo, a pesar de todos estas ayudas, no podía dejar de sentirse cada vez más abrumada por el pánico. A pesar de que intentaba decirse una y otra vez que todo saldría bien, y de que razonaba de un modo realista, los sentimientos de pánico persistían, impidiéndole dormir por la noche y sumiéndola en un constante estado de nerviosismo que la hacía actuar de un modo atolondrado.

Le pregunté qué estaba haciendo para intentar hacer frente a sus sentimientos de pánico, y me dijo que había hecho dos cosas: había pedido hora para aquella misma tarde con su médico de cabecera, que conocía bien su historial médico, para que le recetara algún medicamento que le ayudara a sosegar sus emociones. También había decidido (como yo ya sabía) ayudar como voluntaria en el centro de día de mi iglesia, como una forma de dar salida a su energía nerviosa, con la esperanza de encontrar un empleo remunerado más adelante.

Sabiendo cuán profundamente inquieta se sentía por aquellos sentimientos de pánico y conociendo su naturaleza terriblemente sombría, intenté analizarlos con ella desde el punto de vista de nuestra común fe. ¿Podía ser que, mediante su pasada experiencia y su perpetua amenaza, aquel pánico se hubiera convertido para ella en un «terror santo» que había adquirido la categoría de ídolo? A medida que la dirigía en esta dirección, comenzamos a ver que Marta se afligía bajo la tentación de considerar aquel imponente pánico como un todopoderoso «dios» que iba haciéndose con el control de su vida. Recordamos juntos la perspectiva bíblica de Dios como «el Dios que está por encima de todos los dioses falsos», en cuya presencia los dioses menores no eran más que ídolos destinados finalmente a venirse abajo. Marta me ayudó a trazar una visión bíblica de la fe en el libro del Apocalipsis, donde Dios vence a los monstruosos poderes del mal.

Recordamos algunas imágenes bíblicas del reposo, la paz, y el *shalom* definitivos que proceden de la mano del Dios que es Señor

Algunas aplicaciones pastorales

sobre todas las cosas. Le pedí a Marta que intentara aplicar tales visiones a su vida. Ella describió su vida como una situación en la que los sentimientos de pánico eran colosales y muy reales, pero también expresó cierta esperanza de que éstos serían finalmente aplastados bajo el poder del Dios en quien confiaba. Su fe, no obstante, requería ser cultivada constantemente, algo que ella procuraba hacer mediante sus contactos con otros miembros de la iglesia y su actividad de voluntariado. También su pastor pondría de su parte intentando aportarle una relación de apoyo a lo largo de muchos años.

A pesar de la tentación de hacer un ídolo de su tendencia a la depresión y de conferir a sus sentimientos de pánico una categoría casi sagrada, Marta sabe que tiene una necesidad de comunión y ha dado pasos prácticos para cultivar cálidas relaciones de dar y recibir con otras personas. Sabe que preocuparse por los demás y ser objeto de la preocupación de otros son cosas que van de la mano, y por ello se sentía con la confianza de visitarme cada vez que tenía necesidad de ánimo o de consuelo. Por mi parte, la apoyé por completo en los pasos que había dado para enfrentarse a la amenaza del pánico por medio de una labor de voluntariado y de pedirle a su médico de cabecera una medicación razonable.

En su lucha contra una amenaza muy real para su vida, Marta también tenía que conseguir esperanza. Cautiva como estaba de sus sentimientos de pánico y de sus secuelas, nuestra conversación la ayudó a ver que la fuerza de estos sentimientos la había generado en parte ella misma (al menos había contribuido a la importancia que habían cobrado por la manera idólatra en que los había asumido). Una mayor conciencia del poder de Dios y de su triunfo final sobre los ídolos estimuló su esperanza de que las cosas se desarrollaran positivamente. Comenzó a ver la presente amenaza del pánico como una travesía temporal por las dificultades del desierto en su camino hacia una vida más apacible y saludable. Nuestra evocación de las imágenes bíblicas de la paz prometida por Dios coadyuvó a fortalecer su esperanza, cuya fuerza podía ahora ayudarle a hacer frente a su situación con cierta valentía.

En una oración conjunta elevamos a Dios sus sentimientos de pánico, pidiéndole que los destruyera con su poder. Le pedí que su constante presencia diera a Marta una sensación de fortaleza y de bienestar.

La diagnosis pastoral

Después de nuestra conversación, Marta pareció tranquilizarse y estaba menos nerviosa. Desde entonces la he visitado brevemente varias veces, y ella afirma disfrutar de una cierta libertad de los sentimientos de pánico. Recientemente Marta presidió una reunión con gran aplomo y sin un nerviosismo fuera de lo normal. Los miembros de su familia y sus amigos más íntimos también dan fe de que está atravesando este difícil período de su vida mucho mejor de lo que se hubieran atrevido a esperar.

Creo que en la conversación pastoral que tuve con Marta ambos diagnosticamos conjuntamente un aspecto de su «disposición», que definimos en términos teológicos como «permitir el surgimiento de un dios falso», al concederle a su pánico un poder indebido y una santidad que estaba fuera de lugar. La tentación de Marta consistía en permitir que un ídolo sustituyera al Dios en quien creía, y a sentirse bajo su servidumbre. Al acentuar las distinciones entre Dios y los ídolos y al describir los distintos efectos de nuestra sumisión a ellos (uno hacia la libertad y el otro hacia la servidumbre), Marta vio surgir su esperanza y, en proporción, el pánico parecía menos amenazador. La pérdida de su fuerte marido intensifica su necesidad de atención y de apoyo en sus esfuerzos de protegerse contra un poder que casi consigue asfixiarla. Debe animársele a que siga participando activamente en la adoración, el estudio, la comunión y el servicio a los demás; y también a que siga adelante con sus devociones personales de modo que se afirme su identidad como una persona de fe y amada por Dios.

El próximo informe procede del capellán de un hospital psiquiátrico formado clínicamente, que generalmente procura establecer una relación pastoral con algunos pacientes (por propia iniciativa o por derivación psiquiátrica). Él participa en las reuniones de diagnóstico y tratamiento del equipo psiquiátrico. Lleva a cabo algunas reuniones especiales de grupo con los pacientes, dirige cultos de adoración ocasionales, y ofrece sus servicios como capellán en su sentido más amplio dentro del marco del hospital, en constante interacción con los miembros de otras disciplinas relacionadas con la salud mental.

Caso 4:
El hermano Anselmo: abandonado a la ira

En mi primera reunión con este paciente, miembro de una orden religiosa, me dijo que había pedido la hospitalización dada su indecisión e incapacidad de establecer prioridades, a un grado tal que le hacía incapaz de realizar su trabajo. Esperaba que un año de hospitalización le permitiría asumir un ritmo más lento, con menos demandas externas, de modo que podría reorganizarse. Su deseo era que su mundo de cada día «se detuviera» de modo que pudiera bajarse de él durante un año, y después regresar, mejor preparado para hacerle frente. El paciente había crecido en un hogar católico y se había educado en colegios religiosos privados. Su padre abandonó a su madre cuando el paciente era muy pequeño, dejándoles a ambos en una situación económica desesperada. Más adelante, y tras obtener el divorcio, su madre se volvió a casar. Recuerda haber experimentado cierta desazón y la sensación de estar ante un dilema por el hecho de vivir con una madre divorciada al tiempo que se le enseñaba en la escuela de la iglesia que el divorcio era algo pecaminoso. En el instituto salió con algunas chicas, pero recuerda que cuando volvía a casa pensaba: «si esto es la relación con una mujer, entonces el matrimonio no es para mí». Después de una seria consideración con oración, Anselmo escogió la vida religiosa porque «proporcionaba más crecimiento, era más fiel y llevaba a la persona más cerca de Dios». Reconoce que tuvo el deseo de ser una «persona encantadora» igual que los hermanos que le habían enseñado a él, de modo que tras tres años de formación religiosa hizo sus votos y se convirtió en maestro de la orden religiosa.

Al pedirle que me hablase de sus votos dijo que, para él, el de obediencia era el más difícil. Su concepción de este voto era, «Haz lo que se te manda, y no pidas apoyo para hacerlo». Anselmo admite que en ocasiones fue bastante rebelde, y es consciente de albergar cierta ira hacia su orden por su falta de sensibilidad hacia las necesidades humanas. Está especialmente furioso por «diez años de peticiones de ayuda para mis problemas emocionales», a las que, por lo general, su orden ha hecho caso omiso. Por ello, su idea de la divina providencia representa una imagen imprecisa en su mente. Inclinado a hablar conmigo respecto a su «problema de fe» le resultaba sin embargo difícil describir en detalle la verdadera

La diagnosis pastoral

naturaleza de dicho problema. Hablaba de cierta pérdida de fe, y de la sensación de que sus prácticas religiosas eran vacías o carentes de sentido. Aunque se siente capaz de enseñar a los jóvenes los temas de la teología escolástica (no sin cierta dificultad), le sería completamente imposible enseñar religión. La razón es que se encuentra en la dolorosa posición de haber invertido quince años de su vida en una vocación religiosa y comprometido con un Dios que le ha abandonado en el momento de su mayor necesidad, i.e., su enfermedad emocional. De modo que, se sintió huérfano de apoyo por parte de su comunidad religiosa, su Dios y su familia, de la que ya se sentía bastante lejos emocionalmente. Es obvio que esto es una repetición del abandono por parte de su padre en su infancia.

Acostumbrado a una intensa vida de oración, ahora se siente incapaz de orar. Antes de su entrada en la orden, durante la etapa del instituto, en ocasiones faltaba a clase para poder ir a la iglesia y orar. Piensa que su vida de oración siempre fue mucho más allá de la disciplina que se demandaba en su orden. Su oración se centraba en distintas lecturas acerca de las cuales reflexionaba primero y oraba después pidiendo dirección para aplicar a su vida los preceptos en cuestión a fin de satisfacer las necesidades de los demás. Su problema con la oración le había llevado a no participar en los retiros espirituales que su orden celebraba cada año. Aunque con esfuerzo puede recitar el rosario, lo considera una forma de oración «muy primitiva».

Su idea de la comunión se entiende por medio de sus pensamientos acerca de la adoración. Ahora le es difícil asistir a la eucaristía: aunque le habían enseñado a centrar toda su atención y «todo lo que soy» en la experiencia eucarística, ahora descubre que no sabe quién es ni lo que puede aportar a la liturgia. Le pedí al paciente que hiciera un bosquejo de una forma de adoración que tuviera más sentido para él, y describió un pequeño grupo de amigos reunidos en una casa donde había silencio, meditación, una reflexión con oración acerca de alguna lectura, un intercambio de sinceras expresiones de amor y devoción de los unos para con los otros, que concluía con una oración al unísono. Preguntado sobre qué le impedía llevar a cabo tal experiencia, aunque él mismo tuviera que organizarla, se refirió a un temor de no poder concentrarse por completo, o de no poder aportar la «totalidad de su ser» a tal

Algunas aplicaciones pastorales

encuentro. Comenté que aportar a la experiencia de adoración la totalidad del propio ser implicaba concurrir a ella con la ira y la furia que pudiera albergarse, pero que ello también le ponía a uno en peligro por aportar algo inaceptable; entonces Anselmo dijo «¡Exactamente!» con una reacción marcadamente emocional. «Quizás una de las dificultades es que no he querido adorar porque soy consciente de albergar mucha ira y mucha furia».

Recientemente, el paciente ha comenzado a explorar el yoga, el budismo y la astrología, con la idea de que pueden ofrecerle algo que hoy por hoy su deteriorada fe no puede aportarle. Sin embargo, se siente extraordinariamente culpable por estas exploraciones, y se plantea que puede ser un hipócrita espiritual. Lo único realmente importante que hoy le proporciona su fe tradicional es la parte de la adoración que describe como la Santa Comunión: «recibo algo de ella; creo que es apoyo».

Debido a sus experiencias de pérdida, Anselmo ve la gracia como una realidad que con demasiada frecuencia parece haberle pasado a él por alto. Además del sentido de pérdida que se ha descrito antes, Anselmo habló también de haberse «perdido» algunas cosas buenas en el proceso de transición que está atravesando su orden. En el pasado él vestía los hábitos religiosos. Después, cuando llevar hábitos religiosos «pasó de moda», no tuvo la ocasión de participar en ningún debate con su comunidad respecto a las cuestiones de elección propia. De igual modo, en los primeros días de sus votos la orden no permitía «relaciones exclusivas» y disciplinaba con severidad a aquellos que transgredían este precepto. Ahora este tipo de relaciones es permisible, pero también en esto siente que ha «perdido» oportunidades, y lo mismo le sucede con las transiciones que ha experimentado su familia. Anselmo ha estado muy distante de la vida de familia durante muchos años y siente que se ha perdido algunas facetas de sus transiciones. Más en concreto, la muerte de su padrastro «antes de poder conocerle» es una de estas pérdidas; al hablar de ello, el paciente lloró.

Existe un estrecho paralelismo entre la experiencia religiosa del paciente y sus principales experiencias familiares. Igual que su padre le abandonó primero, y después lo hizo también su padrastro antes de poder tener una estrecha relación con él, así también le abandonó su Dios. Igual que su orden religiosa fomentaba (según su punto de vista) el aislamiento y la distancia, el paciente se siente también aislado y distanciado de su familia. Tanto su búsqueda de una relación íntima con un Dios benevolente como la de dos padres humanos han terminado en fracaso, y ello ha generado en él una ira y una furia profundas. Tanto en su historia pasada como en la actualidad hay una marcada ausencia de relaciones personales significativas. Aunque las relaciones en sí son bastante conflictivas, su necesidad de ellas parece ser mayor en este momento que su temor a experimentarlas.

Por ello, recomiendo para este paciente un proceso de aconsejamiento con un clérigo con formación clínica, que pueda ayudarle a explorar la relevancia de su práctica religiosa y a facilitar su vuelta a expresiones saludables de sus necesidades religiosas en un contexto católico romano. El paciente debe expresar de manera apropiada su ira y su furia ante un sacerdote, i.e., en la presencia simbólica de su Dios. Asumiendo que la psicoterapia continuará siendo una parte de su programa de tratamiento, el sacerdote que trabaje con él en una relación de aconsejamiento debe estar en frecuente contacto con el psicoterapeuta, y muy pendiente tanto de las señales de descompensación como de las de mejoría.

El siguiente informe es también de un capellán. El paciente, una mujer que había estado cierto tiempo en un hospital psiquiátrico, tomó la iniciativa en la búsqueda de contacto con él. Su lenguaje, bastante torpe, es en unas ocasiones religioso y en otras psiquiátrico, en una mezcla bastante libre de estas dos perspectivas, como si ello implicara problemas multifacéticos que requieren múltiples acercamientos a la vez.

Caso 5:
La Sra. Sánchez: sin salida e imperdonable

Mi primer contacto con la Sra. Sánchez fue después de la ceremonia religiosa del Domingo de Resurrección en el hospital. Al final del servicio expresó su gratitud por la oportunidad de adorar a Dios, comentando que la religión siempre había significado mucho para ella. Preguntó si había reuniones de adoración con regularidad y expresó cierta frustración cuando le dije que, en aquel momento, solo se celebraban en ocasiones especiales. Me dijo también que le gustaría hablar conmigo en alguna oportunidad. Tras consultar con su médico del hospital, acordamos iniciar una serie de entrevistas con ella para hacer una evaluación de su historia religiosa personal,

Algunas aplicaciones pastorales

de sus conceptos religiosos, y de otros valores.

La Sra. Sánchez había crecido en un ambiente católico, «la iglesia de su familia», como lo expresó ella. Educada en un comienzo en una escuela religiosa con instrucción catequética hasta el curso noveno, pasó a una escuela pública en el décimo. Asistía periódicamente a misa y a otras actividades religiosas hasta que cumplió los doce años. Normalmente era su madre quien la llevaba a la iglesia y, ocasionalmente, su padre las acompañaba. Ciertos problemas matrimoniales entre los padres hicieron que la madre abandonara las actividades de la iglesia, junto con su hija. La Sra. Sánchez volvió a asistir con regularidad hacia los catorce años; a los dieciocho comenzó sus estudios universitarios y de nuevo dejó de ir a la iglesia.

Cuando se casó, ella y su marido hablaron respecto a su afiliación religiosa, y de común acuerdo resolvieron asistir a la Iglesia Episcopal. Su marido procedía de un trasfondo congregacionalista con el que no se sentía del todo cómodo y, puesto que ella venía de un trasfondo católico romano con el que estaba aun menos satisfecha, pensaron que la forma de culto episcopal les ofrecía lo que ambos estaban buscando. Para ella, los ritos eran bastante parecidos, pero la nueva iglesia parecía tener menos prohibiciones. El Sr. Sánchez encontró más formalidad en la nueva iglesia, y eso le gustaba. Después de la universidad y del matrimonio, el Sr. Sánchez ingresó en la Marina y fue destinado a San Diego. Los dos siguieron reuniéndose en la capilla del cuartel donde el Sr. Sánchez había sido destinado. Vivían muy cerca del capellán católico y de vez en cuando le invitaban a su casa. La Sra. Sánchez y el religioso solían hablar largo y tendido acerca de las posiciones de la iglesia romana sobre cuestiones como el aborto y el control de la natalidad. Cuando su marido volvió a la vida civil, la pareja volvió a asistir a los servicios episcopales, pero cada vez con menos regularidad por parte del esposo. Tras el nacimiento de su primer hijo, la Sra. Sánchez dejó de ir a la iglesia y de participar en sus actividades.

La fe de la Sra. Sánchez está atrapada en ciertas polaridades de orden moral. Sus actitudes hacia la vida y las situaciones personales responden a la valoración de las cosas como «buenas o malas, correctas o incorrectas, negras o blancas». Ella cree que esto se debe directamente a la instrucción religiosa que recibió en su tierna infancia. Se le enseñó que el «gris» no existe: las cosas

La diagnosis pastoral

son blancas o negras. La última vez que se confesó fue a los trece años y en aquella ocasión el sacerdote censuró su falta de asistencia a misa. La señora Sánchez abandonó el confesionario con lágrimas en los ojos porque sentía que se le había hecho responsable de algo sobre lo que no tenía control, puesto que si su madre no la llevaba a la iglesia, ella no tenía ningún modo de asistir.

Considera que Dios es santo y lo describe como «un personaje anciano, como un padre». Reconoce que su fe en él tiene un carácter ambivalente. Cree en Dios hasta cierto punto, y le es difícil entender que algunas personas encuentren apoyo en él mientras que a ella le parece especialmente inaccesible. Piensa que Jesucristo es un «hombre santo» y hace hincapié en su humanidad. Para ella el futuro personal es algo impreciso: no tiene ninguna idea acerca de «las cosas futuras», y no está nada segura de la existencia del cielo ni del infierno. En estas ideas se ponen de relieve algunos fragmentos de su conservadora educación católica, así como su incomodidad con ella.

La adoración que le gusta parece estar vacía de cualquier sentido de la comunión. Subraya «los agradables sentimientos» que experimenta, los cuales parecen ser personales y puede que constituyan también una respuesta estética; sin embargo lo valora también moralmente como «algo bueno». Curiosamente, considera que ser madre es la «mayor obra cristiana», como si de una obra de caridad se tratara. En su lista de obras cristianas aparece en segundo lugar «hacer cosas para los demás». Cuando se le pidió que reflexionara respecto al pecado, situó el adulterio como el mayor de ellos, y el asesinato como el segundo, pues al parecer consideraba que el pecado consiste en acciones específicas. Es interesante mencionar que la Sra. Sánchez añadió que su concepto de asesinato no incluía del todo el suicidio. Aunque admitió que no se sentía «ni bien ni mal» cuando pensaba en esta cuestión, declaró que no obstante mantenía la idea del suicidio «en el fondo de mi mente» como una opción a la que recurrir, al parecer, sin necesidad de arrepentirse (o casi sin ella).

Sus relaciones con los demás están llenas de funestas reflexiones que parecen negar cualquier relevancia a la gracia o a la confianza en su vida. Se refiere a su madre como una «esquizofrénica» y se describe a sí misma con igual etiqueta, sintiéndose condenada a padecer la misma «enfermedad», a pesar de «saber por lógica»

Algunas aplicaciones pastorales

que no tiene por qué ser así. El suicidio sería un modo de evitar «pasarles la enfermedad a mis hijos». Su descripción de su padre se parece a la de Dios, una anciana figura paternal. Según parece, su padre pasó mucho tiempo con ella, la llevaba consigo al trabajo. Recordó con cálido afecto la ocasión en que le permitió dar nombre a los diferentes productos que él había fabricado. Sin embargo, aunque afirmó que su padre «la crió como a un hijo», también insistió en que aprendió más acerca de lo que significa «ser mujer» con su padre que con su madre.

Su relación con su marido es claramente conflictiva. Ella cree que el conflicto surge de la competencia que existe entre ellos en el negocio que gestionan juntos, del estereotipo de su marido respecto al papel de las mujeres, y en el último análisis porque él la rechazó mediante su búsqueda de una aventura amorosa. Describe a sus hijos como «muchachos encantadores» que ahora están bastante bien, pero tiene inquietantes sentimientos respecto a su futuro. Quiere transmitirles una sensación de seguridad emocional, pero no sabe si es o no capaz de ello. Quiere darles instrucción religiosa, no mediante medios didácticos sino comunicándoles «un sentido de fe» (aunque ella misma tiene poca).

En una palabra, la Sra. Sánchez no ha encontrado ningún sentido profundo de la comunión o de la afiliación, ni en su hogar ni en su iglesia. Sin embargo, tiene la sensación de que en la sala del hospital está asistiendo a cierta «experiencia de comunidad». En consonancia con los sentimientos positivos que tiene hacia su padre y la distancia que experimenta hacia su madre, le es más fácil relacionarse con los hombres que con las mujeres.

En general, a sus relaciones les falta una convicción de la gracia, y hacia sí misma mantiene una actitud implacable. Es extraordinariamente sensible a las convicciones o normas de otras personas, y en cambio se resiste a expresar su propia opinión acerca de cualquier cuestión, parece atrapada en un constante temor a ser rechazada. Es incapaz de expresar ira por temor a que se le devuelva hostilidad. Incapaz de estar a la altura de las normas de los demás o de las suyas, no puede perdonarse a sí misma por no dar la talla. Cualquier demanda que se le haga la percibe como una exigencia severa e implacable.

Sus valores más preciados son la maternidad y el matrimonio. El primero ofrece la oportunidad de moldear, enseñar y guiar una

La diagnosis pastoral

vida joven, y por ello representa un elevado llamamiento. Pero la paciente se siente muy poco preparada para esta tarea, y quizá ambivalente respecto a ella. Ve el matrimonio como una institución santa dado el carácter total del compromiso y la fidelidad que entraña. Para ella esto se pone especialmente de relieve en la relación sexual, en la cual el uno se «entrega por completo» al otro. La posesión de estos valores hace que para la Sra. Sánchez sea extraordinariamente difícil apenas pensar en el divorcio. Se siente verdaderamente «sin salida» cuando dice «mi marido casi me vuelve loca, pero no puedo divorciarme de él». Se planteó tener una aventura amorosa a fin de vengarse de su marido, pero fue incapaz de iniciarla ya que no hubiera podido vivir con tal acto sobre su conciencia. Se siente impotente, culpable y cansada, y está casi convencida de que nunca quedará completamente libre de la enfermedad.

Durante las entrevistas la paciente se mostró en cierto modo teatral y seductora, y parecía sentirse bien conversando acerca de conceptos religiosos. Al principio exteriorizaba sus problemas: éstos parecían depender de «si Dios estaba o no realmente ahí», o de si hay o no otra vida. Para ella, la causa de su trastorno eran su madre y su marido. Por ello, lo que la había puesto enferma era su madre, su marido y su religión. Sin embargo, en entrevistas posteriores fue capaz de considerar también ciertas razones internas de sus trastornos.

En muchos sentidos, la religión desempeñó un papel dominante en su desarrollo, pero sus perspectivas parecen hoy carentes de integración y muy conflictivas. Recomiendo aconsejamiento pastoral para esta paciente a fin de darle una oportunidad de reconsiderar algunas ideas religiosas de modo que pueda integrar algunas de ellas y rechazar otras. Algunas ideas que requieren atención son el perdón, la comunión, el pecado, el sufrimiento y la adoración. En vista de su formación catequética, la ausencia de una clara experiencia de perdón y de una sensación de comunión con la iglesia es muy sorprendente.

Llegados aquí surgen varias consideraciones de última hora. En el caso de los informes que se han presentado, los autores no intentan encerrar sus observaciones e inferencias de diagnóstico en una frase condensada o etiqueta, como nos tienen habituados los informes médicos y psiquiátricos. ¿Deberían haberlo intentado?

Algunas aplicaciones pastorales

Por varias razones, creo que no. En primer lugar, el pensamiento pastoral no es lo mismo que el médico. La medicina se concentra en las enfermedades y en las distinciones entre los distintos tipos de enfermedad; la psiquiatría, para bien o para mal, ha tenido el hábito desde hace mucho tiempo de buscar analogías adecuadas de los conceptos médicos de enfermedad a fin de clasificar las disfunciones que va encontrando. Los esfuerzos de la psiquiatría en esta dirección se han visto cargados de problemas de orden teórico y práctico. En reconocimiento de tales problemas se han propuesto un cierto número de concepciones alternativas, como por ejemplo reacciones al estrés, síndromes de adaptación, trastornos de la personalidad, estilos de carácter, patrones de resistencia o desórdenes del aprendizaje. Muchas de estas concepciones mejores han llevado a su vez a nuevas etiquetas de diagnóstico, como sugiriendo que existen unidades discretas de disfunción psiquiátrica. Sea o no así, las clases de problemas por los que las personas buscan ayuda pastoral desafían cualquier clasificación procedente de los modelos de enfermedad. No veo ninguna virtud en los diagnósticos pastorales de una palabra (análogos a «apendicitis» o «histeria») que emulan los hábitos de clasificación médicos o psiquiátricos.

Aunque la teología moral medieval produjo expresiones de una palabra para designar diferentes estados de los hombres (p. ej., «acedia») que sugieren la presencia de entidades diferenciadas, esta nomenclatura derivada de ciertas concepciones del pecado se concretaba en listas de vicios, que se contrastaban con sus respectivas virtudes. Creo que el pensamiento teológico moderno tendría que asumir más bien un acercamiento completamente distinto, una actitud que se resista a clasificar y encasillar a las personas en términos de cualquier sistema de categorías. El tema de la teología pastoral es la persona, el hombre, la mujer o el niño concretos, y sus interacciones personales, no una enfermedad, desorden, vicio, desviación o defecto. La teología pastoral moderna, estando como está en sintonía con los estados del ser y con los periplos evolutivos personales, requiere en su práctica un lenguaje personalizado que pueda captar las experiencias, acontecimientos, perspectivas, luchas, actitudes, sentimientos, esperanzas y valores por los que viven los hombres. Esto demanda una capacidad de narración y conduce al uso de ilustraciones descriptivas que captan un estilo de vida o una postura existencial, quizá incluso en forma de episodios dramáticos.

Por todas estas razones, me siento satisfecho con las narraciones y frases experimentales de los informes precedentes y no estoy en absoluto desilusionado por la ausencia de cápsulas de clasificación. De hecho tengo la esperanza de que esto último no se proponga nunca.

Quiero dedicar un segundo pensamiento a las contribuciones que aportan los informes para la concepción interdisciplinar o transdisciplinar de los feligreses o pacientes. En los casos 4 y 5, los informes que redactaron los pastores fueron finalmente leídos por miembros de profesiones de la salud mental: psiquiatras, psicólogos, trabajadores sociales, enfermeras, u otros. Después de preguntarles (cosa que no me pidieron los capellanes que los escribieron), todos estos especialistas coincidieron en decir que valoraban muy positivamente el modo en que se habían redactado estos informes. El texto les obligó a pensar en similitudes y diferencias, paralelismos, analogías, confirmaciones, contradicciones o novedades sorprendentes entre sus datos y esta información pastoral. Por otra parte, en el caso de los dos pacientes del hospital, la evaluación interdisciplinar y las recomendaciones llevaron a una adecuada división de la labor terapéutica en la que participaron varias modalidades de intervención la una junto a la otra, reforzándose recíprocamente a fin de conseguir el mejor progreso general.

En tercer lugar, es evidente que la redacción de estos informes y la manera de dirigir las entrevistas que éstos reflejan han ayudado a estos pastores a ser conscientes de su integridad profesional y sensibles a la singular relación a la que se comprometieron al asumir sus cometidos. Mirando al otro lado de la relación pastoral, ni la palabra «paciente» ni el término «cliente» describe adecuadamente el papel que asumen con respecto a los pastores las propias personas que se acercan a ellos con sus problemas. Algunos de ellos han podido ser pacientes de un hospital o en algún momento clientes de una agencia social. No obstante, se convirtieron en algo completamente distinto en sus entrevistas con estos pastores. A falta de una palabra mejor, he utilizado el término «cometidos» en una frase anterior. Esta palabra recoge algo de la función de pastoreo que es parte del oficio pastoral, pero

Algunas aplicaciones pastorales

lamentablemente no describe la actitud o el papel que asume la persona que busca ayuda en esta relación con los pastores. Otra palabra que he utilizado y que apruebo es el término «feligrés», pero tiene implicaciones de membresía de iglesia registrada que no siempre son pertinentes.

En el primer caso, la persona era un visitante esporádico de la iglesia del pastor. En el segundo, los servicios del pastor los solicitó una miembro de su congregación a sugerencia de un psiquiatra privado, a quien ella también visitaba. El tercer caso es un episodio en una relación pastoral bien establecida con una congregante que necesitaba de manera periódica una ayuda pastoral especial. En el cuarto caso, fue el líder del equipo psiquiátrico del hospital quien solicitó una consulta pastoral para un paciente que estaba comprometido con una vocación religiosa, un hecho que hubiera podido conducir a una sensación de camaradería en la relación entre este hermano y el capellán. En el quinto caso, fue una paciente del hospital la que inició el contacto con el capellán, ejerciendo con ello su libertad de utilizarle como un recurso especial para obtener cierta luz acerca de sus problemas, por no decir de su existencia. El hacer esto no la convirtió en paciente, cliente, consumidora, usuaria, feligresa, o ninguna otra cosa que recuerde a un papel social definible en relación con el pastor (el capellán) a quien pidió su ayuda. Estoy enfatizando este punto acerca de la nomenclatura a fin de prepararnos para ver la posibilidad de que el concepto de rol puede en ocasiones ser inadecuado para describir las relaciones de trabajo entre una persona y su pastor o pastora.

Si se ve la tarea pastoral como una profesión, se hace necesario establecer conductas definibles para los papeles que han de asumir las partes que interactúan. Sin embargo, si tal tarea se ve como un llamamiento, entonces la comunidad agápica, que he descrito en el Capítulo 9 como una fuente de atención pastoral, añade otras características que trascienden el concepto de «papel». Lo que se aplica al pastor ha de aplicarse también en tal caso a quien busca su ayuda: el sujeto reivindica la ayuda como amigo, persona, hijo de Dios, creyente o «alma necesitada», como partícipe de una comunión que trasciende todas las particiones y divisiones.

Notas

1 Jean-Paul Sartre, *Nausea*, traducción inglesa de Lloyd Alexander (New Directions, 1949). En castellano hay numerosas ediciones y traducciones, como *La náusea*, Ed. Época, México (trad. de Aurora Fernández), o la de Alianza Editorial, Madrid, 1981.
2 Alfred North Whitehead, *Adventures of Ideas* (The Macmillan Company, 1933).
3 Alfred North Whitehead, *Process and Reality: An Entry in Cosmology* (The McMillan Company, 1929). Traducción española de J. Rovira Armengol, *Proceso y realidad*, Losada, Buenos Aires, 1956.
4 William James, *Psychology: Briefer Course* (Henry Holt & Company, 1892), p. 29. En español, podemos encontrar *Principios de psicología*. México, Fondo de Cultura Económica, 1989; y para los bibliófilos, *Compendio de psicología*, Madrid, Daniel Jorro, 1916.
5 Paul W. Pruyser, «The Use and Neglect of Pastoral Resources», *Pastoral Psychology*, Vol. XXIII (1972), pp. 5-17.
6 Talcott Parsons, «Belief, Unbelief and Disbelief», en Rocco Caporale and Antonio Grumelli (eds.), *The Culture of Unbelief* (University of California Press, 1971), pp. 215-216 y ss.
7 *Malleus maleficarum*, trad. inglesa de Montague Summers (Londres Pushkin Press 1951). En español se puede encontrar incluso una edición facsímile de la edición del s. XIX, *El martillo*

de las brujas: Malleus Maleficarum, traducida por M. Jiménez Monteserín y publicada por Maxtor, Valladolid, 2004.

8 Jonathan Edwards, *A Treatise Concerning Religious Affections* (1746), nueva edición, ed. Por John E. Smith en *The Works of Jonathan Edwards*, Vol. II ed. por Perry Miller (Yale University Press, 1959). Edición abreviada en español, *Los afectos religiosos*, Ed. Sendas Antiguas, o Faro de Gracia.

9 Respecto a las obras de carácter diagnóstico de Soren Kierkegaard, véase especialmente:
Either/Or Trad. inglesa de David F. y Lilian Swenson (Princeton University Press, 1944).
Stages on Life's Way, Trad.inglesa Walter Lowrie (Princeton University Press, 1940)
The Concept of Dread, Trad.inglesa Walter Lowrie (Princeton University Press, 1944)
The Sickness Unto Death, Trad.inglesa Walter Lowrie (Princeton University Press, 1941)

10 Paul W. Pruyser «The Minister as a Diagnostician» *The Perkins School of Theology Journal*, Vol XXVII (1973), p. 1-10. Este artículo ofrece una lista de libros acerca de la atención y aconsejamiento pastoral investigados para encontrar evidencias de pensamiento de diagnóstico.

11 Edgar Drapper, *Psychiatry and Pastoral Care* (Prentice-Hall.Inc. 1965).

12 Seward Hiltner, *Preface to Pastoral Theology* (Abingdon Press 1958) pp. 98-113 y *Religion and Health* (The Mcmillan Company 1943).

13 John T. McNeill, *A History of the Cure of Souls* (Harper & Brothers, 1951).

14 El acercamiento de Boisen a la función del capellán de hospital y su relativa desazón con el desarrollo posterior en el movimiento de formación clínico pastoral se decriben mejor, aunque de manera críptica, en su autobiografía: Anton Boisen: *Out of the Depths* (Harper & Brothers, 1960), Cap. V, «An Adventure in Theological Education», pp. 143-197.

15 Anton Boisen, *Lift Up Your Hearts: A Service-Book for Use in Hospitals* (Pilgrim Press, 1926); posteriormente titulado *Hymns of Hope and Courage* (Pilgrim Press, 1932,1950).

Notas

16 Las declaraciones del texto respecto a la influencia de Carl Rogers en materia de aconsejamiento pastoral se refieren específicamente a sus dos libros anteriores de gran difusión: Carl R. Rogers, *Counseling and Psychotherapy: Newer Concepts in Practice* (Houghton Mifflin Company, 1942) y *Client-Centered Therapy: Its Current Practice, Implications, and Theory* (Houghton Mifflin Company, 1951). En español, *Psicoterapia centrada en el cliente*, Ed. Paidós, Buenos Aires, 1972.

17 En el artículo siguiente pueden encontrarse algunos puntos más de mi crítica al supuesto movimiento «humanista» dentro de la psicología clínica : Paul W. Pruyser, «The Beleaguered Individual: Images of Man in Clinical Practice», *Bulletin of the Menninger Clinic*, Vol. XXXVII (1973), pp. 433-450.

18 L. Jackson and J. Haag, «Attitudes Toward Chaplaincy: A Survey of Attitudes of Patients and Staff Toward the Role of Chaplain in a Psychiatric Hospital» (Menninger School of Psychiatry, Graduation Paper, 1974).
E. . S. Golden, «What Influences the Role of the Protestant Chaplain in an Institutional Setting?» *Journal of Pastoral Care*, Vol. XVI (1962), pp. 218-225.
M. D. Gynther and J. O. Kempson, «Attitudes of Mental Patients and Staff Toward a Chaplaincy Program», *Journal of Pastoral Care*, Vol. XIV (1960), pp. 211-217.
W. Knights and D. Kramer, «The Role of the Chaplain in Mental Hospitals», en E. Mansell Pattison (ed.), *Clinical Psychiatry and Religion* (Little, Brown & Company, 1969), pp. 257-267.

19 Los siguientes párrafos de este capítulo recurren a observaciones e inferencias hechas antes en mi ensayo: Paul W. Pruyser, «Assessment of the Patient's Religious Attitudes in the Psychiatric Case Study», *Bulletin of the Menninger Clinic* Vol. XXXV (1971), pp. 272-291. Una traducción alemana más breve apareció como «Die Erhebung von religiösen Einstellungen des Patienten in der psychi atrischen Fallstudie», *Wege zum Menschen*, Vol. XXV (1973), pp. 403-415.

20 Citado de Jackson and Haag, *loc. cit.*

21 T. W. Klink, estudio de casos no publicado, Topeka State Hospital.

22 Thomas S. Szasz, *The Myth of Mental Illness: Foundations of a Theory of Personal Conduct* (1961), ed. rev. (Harper &

Row, Publishers, Inc., 1974), y *The Manufacture of Madness: A Comparative Study of the Inquisition and the Mental Health Movement* (Harper & Row, Publishers, Inc., 1970). En español, *El mito de la enfermedad mental*, Amorrortu Editores, 1995.
23 Karl Menninger, Martin Mayman, and Paul W. Pruyser, *The Vital Balance* (The Viking Press, Inc., 1963) y *A Manual for Psychiatric Case Study*, 2ª ed. (Grune & Stratton, Inc., 1962).
24 Paul W. Pruyser, *A Dynamic Psychology of Religion* (Harper & Row, Publishers, Inc., 1968), y *Between Belief and Unbelief* (Harper & Row, Publishers, Inc., 1974).
25 Friedrich Schleiermacher, *Über die Religion: Reden an die Gebildeten unter ihren Verächtem* (1799), trad. inglesa de John Oman como *On Religion* (Frederick Ungar Publishing Company, 1955). En español, *Sobre la religión*, Tecnos, Madrid, 1990, traducido por A. Ginzo Fernández.
26 Rudolf Otto, *Das Heilige* (1917), trad. inglesa de John W. Harvey como *The Idea of the Holy* (Oxford University Press, 1928). En español, *Lo Santo. Lo racional y lo irracional en la idea de Dios*, Madrid: Alianza Editorial, 1980.
27 E. Jones, «Psycho-analysis and the Christian Religion», en *Essays in Applied Psycho-analysis*, Vol. II (Londres: Hogarth Press, Ltd., 1951), p. 203.
28 Gabriel Marcel, *Homo Viator. Introduction to a Metaphysic of Hope*, trad. inglesa de Emma Crawford (Henry Regnery Co., 1951). En español, *Prolegómenos para una metafísica de la esperanza*, Ed. Nova, Buenos Aires 1954; y *Bosquejo de una fenomenología y de una metafísica de la esperanza*, Editorial Guayacán, San José, 1995. Paul W. Pruyser, «Phenomenology and Dynamics of Hoping», *Journal for the Scientific Study of Religion*, Vol. III (1963), pp. 86-97.
29 Jean-Paul Sartre, *Being and Nothingness: An Essay on Phenomenological Ontology*, trad. inglesa de Hazel E. Barnes (Philosophical Library, Inc., 1956). Cuenta con varias ediciones en español, como *El ser y la nada: ensayo de ontología fenomenológica*, Madrid: Editorial Tecnos, 2ª ed., 1992.
30 Paul Tillich, *The Courage to Be* (Yale University Press, 1952). En castellano, *El coraje de existir*, Ed. Laia, Barcelona, 1973.
31 William James, *The Will to Believe, and Other Essays en Popular Philosophy* (Longmans, Green & Company, Inc., 1897). En español,

Notas

la edición más antigua, conservada en la Biblioteca Nacional, es *La voluntad de creer*, traducción de Santos Rubiano, Barcelona, Henrich y Cía., 1909; *La voluntad de creer y otros ensayos de filosofía popular*, Daniel Jorro Madrid, 1922. O, más reciente, *La voluntad de creer*, traducción de Carmen Izco. Encuentro, Madrid, 2004.

32 Paul W. Pruyser, «The Master Hand», en William B. Oglesby, Jr. (ed.), *The New Shape of Pastoral Theology: Essays in Honor of Seward Hiltner* (Abingdon Press, 1969).

33 Eric Hoffer, *The True Believer. Thoughts on the Nature of Mass Movements* (Harper & Brothers, 1951).

34 Seward Hiltner, *Preface to Pastoral Theology* (Abingdon Press, 1958), p. 108.

35 Studs Terkel, *Working: People Talk About What They Do All Day and How They Feel About What They Do* (Pantheon Books, 1974).

36 Citado de Oskar Pfister, *Christianity and Fear* (Londres: George Allen & Unwin, Ltd., 1948), p. 26.

37 Para ver algunos ejemplos de estas tendencias en la filosofía analítica y lingüística y la defensa que han suscitado en el campo religioso, véase:

Alfred J. Ayer, *Language, Truth and Logic* (1936) (Dover Publications, 1946). En español, *Lenguaje, verdad y lógica*, Ed. Martínez Roca, Barcelona, 1971.

George E. Moore, *Philosophical Studies* (Londres: Kegan Paul, 1922).

Ian T. Ramsey, *Religious Language* (Londres: SCM Press, Ltd., 1957).

Gilbert Ryle, *The Concept of Mind* (Londres: Hutchinson's University Library, 1949). En español, *El concepto de lo mental*, Paidós, Buenos Aires, 1967.

Gilbert Ryle, *Dilemmas* (Cambridge: Cambridge University Press, 1954).

Ludwig Wittgenstein, *Philosophische Untersuchungen,* traducción inglesa de G. E. M. Anscombe como *Philosophical Investigations* (Oxford: Basil Blackwell & Mott, Ltd., 1953). En español, *Investigaciones filosóficas*, Universidad Nacional Autónoma de México, México, 2003

38 Erik H. Erikson, «Eight Ages of Man», en *Childhood and Society*, 2ª ed. (W. W. Norton & Company, 1963), pp. 247-274. En español, *Infancia y sociedad*, Ed. Horme, Buenos Aires, 1980.
39 Harvey Cox, *Feast of Fools* (Harvard University Press, 1969). En español, *La fiesta de los locos*, Taurus, Madrid, 1969.